AF362709

CONSIDERATIONS

GEOGRAPHIQUES

ET

PHYSIQUES

SUR

LES NOUVELLES DECOUVERTES

AU NORD DE LA GRANDE MER,

APPELLE'E VULGAIREMENT LA MER DU SUD;

Avec des Cartes qui y font relatives.

PAR PHILIPPE BUACHE,

Premier Géographe de SA MAJESTÉ *& de l'Académie Royale des Sciences.*

A PARIS M. DCC. LIII.

Avec l'Approbation & fous le Privilége de l'Académie Royale des Sciences.

CONSIDERATIONS

GEOGRAPHIQUES ET PHYSIQUES,

Sur ce que la Carte des Nouvelles Découvertes au Nord de la Mer du Sud offre de plus particulier ; ou Mémoire présenté à l'Académie des Sciences le 9. Août 1752.

Avec des Eclaircissemens.

I. **C**E que la Carte des Nouvelles Découvertes publiée en 1750. offre de plus singulier, est la disposition & la figure des pays compris entre le Kamtchatka, & le Nord-Ouest de l'Amérique, que j'ai dressée sur la Relation de la Découverte faite en 1640. par l'Amiral de Fonte, laquelle m'a été communiquée Manuscrite par M. De l'Isle, peu de tems après son retour de Petersbourg. Cette Relation me frappa beaucoup, parce qu'elle me fournit, à la première esquisse que j'en fis, la liaison de l'Asie avec l'Amérique telle que je l'avois soupçonné auparavant. (*a*)

(*a*) Ce soupçon étoit une suite du *Système* général, dont j'étois occupé depuis plusieurs années, & dont j'ai fait part à l'Académie dans son Assemblée publique du 15. Novembre 1752. sur la maniere de considérer la Géographie Physique, en

Mon opinion fut confirmée, lorfque j'appliquai cette efquiffe fur une Carte qui contenoit l'efpace compris entre le Cap Blanc de la Californie, & la partie la plus avancée de l'Afie vers l'Eft, repréfentée dans l'Atlas Ruffien que M. le Comte d'Argenfon m'avoit fait l'honneur de me prêter avant le retour de M. De l'Ifle. (*b*) Nous eûmes enfuite M. De l'Ifle & moi la fatisfaction de voir, lorfqu'il fe détermina à donner la communication des Routes que les Ruffes ont faites au Nord, au Midi & à l'Eft du Kamtchatka, que deux de ces Routes confirmoient la fituation de deux Points principaux de ma Carte de l'Amiral de Fonte ; fçavoir, 1°. la Pointe la plus avancée du Pays voifin de l'Embouchure de la Riviere que je nomme de Bernarda, & qui tombe du Lac Valafco dans la mer voifine de la Tartarie : 2°. l'Entrée de l'Archipel de St. Lazare. Ainfi les Côtes & Pays plus à l'Oueft, dont cette Relation parle, font par là fixés en trois Points, fçavoir celui du Cap Blanc, & les deux autres que je viens d'indiquer.

II. Il y a encore un Point qui mérite d'être remarqué : c'eft l'Embouchure de la Riviere de Los Reyes, que j'ai fixée vers le 63. Dégré de latitude par l'eftime de la Route exprimée dans la Relation de l'Amiral de Fonte, dont l'Imprimé me paroît fautif en ce qu'il met cette Riviere au 53. Dégré (*c*). De plus on m'a nouvellement montré le témoignage de Lancafter célébre Marin Anglois, qui l'an

---

examinant d'abord la continuité des Montagnes qui ceignent notre Globe, & qui traverfent les Mers comme les Terres, enfuite la configuration de la Mer, &c. Mais je crois devoir dire ici que lorfque Guillaume Delifle mon Beau-Pere dreffa fon Afie en 1724. je fus étonné de ce qu'il termina cette Pointe de terre du Nord-Eft dont il avoit dit dans fes premieres Cartes, & dans fon Globe, qu'on ne fçavoit où elle alloit aboutir, & fi elle ne fe joignoit pas à quelqu'autre Continent. En rendant raifon de fa nouvelle Mappemonde de 1720. (pag. 381. des Mémoires de l'Académie des Sciences) il difoit qu'il avoit „ affecté de marquer par des traits „ legers la Côte Orientale de la Tartarie, pour faire voir l'incertitude où l'on eft „ encore de leur fituation, & de la communication de la Mer Glaciale avec la „ Mer du Sud. „ J'ai exprimé dans les deux premieres Cartes que je donne actuellement, cette Côte fuppofée par Guillaume Delifle, afin qu'on puiffe connoître le progrès de la Géographie, par rapport à cette partie du Globe.

(*b*) Ce qui me frappa davantage fur cette Carte, fut la vuë de la Pêche que l'on fait depuis la Lena jufqu'à la Pointe du Nord-Eft, & la repréfentation des Glaces qui me parurent indiquer des Terres peu éloignées à l'Eft, fçavoir l'Amérique feparée par une efpece de Détroit. J'ai cru devoir faire graver une Réduction de cette partie de la Carte Ruffienne de l'Empire de Ruffie, parce qu'on a négligé de mettre cette figure des Glaces dans l'Edition Latine qui fe débite en France.

(*c*) La Relation imprimée pag. 14. de *l'Explication* de M. De l'Ifle differe du Manufcrit qu'il m'avoit communiqué, & fur lequel j'ai fait ma Carte, comme je le ferai voir dans l'Art. 1. des *Eclairciffemens* qui fuivent.

1600. écrivoit à fa Compagnie des Indes en ces termes précis : *Le Paffage aux Indes Orientales eft du côté de l'Amérique à* 62°. 30°. Lancafter avoit acquis cette connoiffance dans les Indes Orientales, d'où il revenoit (*d*). Cette Remarque renverfe, indépendamment d'autre chofe, le fyftême de la Carte Angloife fur la Découverte de l'Amiral de Fonte, publiée par l'Ecrivain du vaiffeau la Californie ; juftifie la conftruction que j'ai faite, & donne un nouveau poids à la Relation de l'Amiral de Fonte qui fit fes Découvertes 40. ans après Lancafter.

III. J'avois pris l'idée d'une continuation de Côte à la partie Méridionale du Lac Valafco, c'eft-à-dire depuis la Riviere qui tombe de ce Lac au 61°. Degré, jufqu'à l'Archipel St. Lazare, & cela fondé fur ce que dans une converfation, M. Delifle m'avoit dit que M. fon frere de la Croyere avoit vû une fuite de Côte au Nord de fa Route. Quoique je ne connuffe point alors la latitude de ladite Route, je crus cependant devoir profiter de cette Remarque pour terminer l'efpace de Pays entre la Riviere de Bernarda, & celle de Haro, efpace dont l'Amiral de Fonte ne parle point dans fa Relation. C'eft pourquoi l'on a laiffé en cet endroit une ligne de points fur la Carte de 1750. fans y mettre de hachures. Mais depuis ayant raffemblé diverfes Obfervations Géographiques & Phyfiques (*e*), je crois avoir des preuves que la Terre vüe par le Capitaine Tchirikow & M. de la Croyere, n'eft qu'une fuite de celles de l'Amiral de Fonte, depuis la Riviere de Bernarda jufqu'à l'Archipel St. Lazare : ce qui formeroit entre cette Terre & le Kamtchatka un long Détroit, par lequel a pû fe faire la communication des Peuples de l'Afie en Amérique, entre le Cercle Polaire, où eft le paffage le plus étroit, & le Paralelle de l'Ifle de Beering. J'ai communiqué cette vüe, & l'on a cru en devoir faire ufage dans la nouvelle Géographie de M. l'Abbé de la Croix (*f*). On en peut voir l'exécution dans une des Cartes manufcrites que je préfente aujourd'hui à l'Académie, avec la Carte Angloife, qui, à l'Oueft fuppofe une grande Mer, & à l'Eft en met une autre où font certainement les Terres qui font baignées plus à l'Oueft par les Bayes d'Hudfon & de Baffin. Je me réferve de faire à part un exa-

---

(*d*) Voyez le Voyage d'Ellis, Tom. 1. pag. 31. 32. & 99. Edition Françoife.
(*e*) J'indiquerai ces Obfervations dans l'Art. II. de mes Eclairciffemens.
(*f*) Voyez la nouvelle Edition de la *Geographie Moderne*, Tome II. page 236.

men detaillé de cette Carte Angloife donnée par l'Ecrivain du vaiffeau la Californie (g).

IV. Comme j'ai quelque fondement pour croire que la Mer de
l'Oueft, communique avec la Baye d'Hudfon, & peut-être avec
une partie des découvertes de l'Amiral de Fonte, qui dans fon trajet a parcouru des Rivieres dont le cours eft oppofé (h), je donne
aujourd'hui une nouvelle configuration de cette Mer de l'Oueft.
L'opinion que Guillaume Delifle mon Beau-pere avoit à fon fujet,
(i) jointe à la pofition d'un grand Lac de 600. lieues de tour qui
fe trouve dans la direction de cette Mer, me fait penfer que ces
grands amas d'eaux qui tendent à la Baye d'Hudfon, communi-
quent par quelques décharges tant à quelques-uns des Lacs par-
courus par l'Amiral de Fonte, qu'à ceux que nos Sauvages ont fait
connoître aux Officiers François envoyés par M. le Comte de Mau-
repas, depuis environ 12. à 15. ans. Ce nouveau Syftême peut
rendre auffi raifon des Marées obfervées par Ellis au Welcome,
c'eft-à-dire depuis la Baye de Répulfe jufqu'à Tomptfon (κ). Je ne
ferois cependant pas oppofé à rebaiffer un peut le bout le plus
avancé du Lac de Ronquillo de la Carte de 1750. (l).

V. La Carte Réduite, ou Marine, & dreffée pour l'ufage des Na-

---

(g) C'eft le fujet de l'Art. III. de mes Eclairciffemens, où je prouverai que le
Syftême de l'Ecrivain du Vaiffeau la Californie ne s'accorde ni avec diverfes Ob-
fervations Hiftoriques, ni avec la Géometrique de la Relation de l'Amiral de
Fonte, & c'eft ce qui eft expofé dans mes Cartes II. & III.

( ) J'en ai marqué les directions par des fléches dans mes nouvelles Cartes. Il
y a apparence que la Riviere de Parmentier eft affez proche du Lac Belle, & que
l'Amiral de Fonte eft paffé de l'un dans l'autre, moyennant quelque portage de
Chaloupes Indiennes dont il fe fera fourni à Conaffet, où il dit avoir laiffé fes
Vaiffeaux.

(i) Guillaume Delifle préfenta en 1700. un Mémoire à M. le Comte De
Pontchartrain, fur cette Mer de l'Oueft. Je le publierai en entier d'après l'Original qui eft au Dépôt des Plans & Cartes de Marine, & que M. De la Gallif-
foniere m'a communiqué.

(k) Comme ces Marées méritent d'être confidérées avec toutes leurs cir-
conftances, on les trouvera caractérifées dans l'Article IV. de mes Eclairciffemens, d'après les Obfervations rapportées par Ellis, & je donnerai en même
tems les raifons de ma conjecture fur la communication de la Mer du Sud avec la
Baye d'Hudfon.

(l) La Relation ne s'explique pas fur la direction de ce Lac. Il peut fe rendre
dans la Baye de Répulfe. C'eft une correction que j'ai faite dans mes nouvelles
Cartes, auffi bien que ce qui regarde le Lac Valafco. J'ai cru auffi devoir tranfporter la prefqu'Ifle de Conchaffet ou Connibaffet, & la mettre près de l'Ifle de
Bernarda, parce que ce Capitaine dit qu'il laiffa fon Vaiffeau entre l'Ifle & la prefqu'Ifle, avant que de s'engager à defcendre la Riviere qui le conduifit dans la Mer
de Tartarie.

vigateurs, que j'ai cru devoir préfenter en même tems , eft le réful-
tat de diverfes Remarques Géographiques & Phyfiques, tant fur les
Côtes qui bornent au Nord la Mer du Sud, que fur le foupçon de
la figure de la Mer de l'Oueft, communiquant au grand Lac de
600. lieues, & fur les diverfes chaînes de Montagnes, dont on a
des Indices. Nous avons lieu d'efperer que M. Delifle nous fera
part de toutes les vües que M. fon frere Premier Géographe & de
cette Académie, a eûes fur la Mer de l'Oueft d'après nombre de
Relations. Ces différens morceaux jetteroient certainement du jour
fur cette partie de la Géographie.

EXTRAIT DES REGISTRES

De l'Académie Royale des Sciences.

Du 6. Septembre 1752.

MESSIEURS De la GALLISSONNIERE, le MONNIER, & de
MONTIGNY, qui avoient été nommés pour examiner un Mémoi-
re de M. Buache , intitulé *Confidérations Géographiques & Phyfiques , fur
ce que la Carte des Nouvelles Découvertes faites au Nord de la Mer du Sud ,
offre de plus fingulier ,* & les Cartes qui y font jointes, en ayant fait leur
rapport, l'Académie a jugé ce Mémoire & ces Cartes dignes de l'Impreffion : en foi de quoi j'ai figné le préfent Certificat. A Paris le 7. Septembre 1752.

GRANDJEAN DE FOUCHY , *Secret. perpet. de l'Acad. Royale des Sciences.*

ECLAIRCISSEMENS

SUR LE MEMOIRE PRÉCEDENT,

Dont le Précis devoit être lû à l'Assemblée publique du 2. Mai 1753.

ARTICLE PREMIER. *

De la position de l'embouchure de Rio los Reyes, & des différences qui se trouvent entre la Relation de l'Amiral de Fonte imprimée en François, & le Manuscrit sur lequel la Carte des Nouvelles Découvertes a été faite.

JE crois devoir commencer par observer que la Relation de l'A-miral de Fonte a été imprimée trois fois en Anglois, avant que de paroître en François. Elle fut d'abord publiée en Avril & Juin 1708. dans *les Mémoires des Curieux*. M. Dobbs la donna ensuite, & y fit quelques changemens, sous prétexte des fautes qui s'étoient glissées dans la première impression. Enfin elle se trouve encore dans la seconde Relation du dernier Voyage fait à la Baye d'Hudson, publiée par l'Ecrivain du Vaisseau appellé la *Californie*, qui nous apprend ces particularités (Tom. II. à Londres 1749. p. 304.) On ne voit point que pendant 40. ans la Relation de l'Amiral de Fonte ait été attaquée en Angleterre, ni regardée comme une piéce indigne d'attention. Un Ambassadeur de cette Cour en Russie en parla à M. Delisle, & de retour dans sa Patrie en 1739. il la lui envoya en Manuscrit. Il me semble que cette Relation n'auroit pû être fabriquée à plaisir, il y a plus de 40. ans, & en même tems se trouver comme enchassée, & être parfaitement d'accord avec des Observations certaines, dont nous ne faisons que d'avoir connoissance ; c'est-à-dire avec les Terres découvertes depuis 10. & 20. ans par les Russes.

Un des Points que je regarde comme le plus essentiel de cette

---

Cet Article a été lû à l'Académie le 6. Septembre 1752.

Relation, ou comme la bafe de la Carte que l'on peut faire fur les Découvertes de l'Amiral de Fonte, & de fon Capitaine Bernarda ; c'eft l'Embouchure de la Riviere de Los Reyes. Pour juftifier la conftruction de la Carte que j'ai faite fur cette Relation, & fur tout la pofition de cette embouchure vers le 63ᵉ. Dégré de latitude, je dois dire qu'il y a des différences affez confidérables entre le Manufcrit fur lequel j'ai travaillé en 1748. après qu'il m'eût été communiqué par M. De l'Ifle , & la Relation qui a été imprimée l'année derniere en François. D'ailleurs il eft jufte de lever les difficultés que le Texte de celle-ci fait naître à ceux qui la comparent avec la grande Carte des Nouvelles Découvertes.

I. Voici d'abord pour ce qui concerne l'embouchure de *Rio los Reyes*, les deux Textes fur lefquels je ferai enfuite quelques Remarques : les différences font marquées en caractères *Italiques*.

Manufcrit.	*Imprimé*, pag. 14.

L'Amiral de Fonte (ayant) atteint la hauteur du Cap Abel fur la Côte Oueft-Sud-Oueft de la Californie à *vingt-fix* degrés de latitude fepᵗᵉ·, & à 160. lieues *Oueft - Nord - Oueft* des Ifles de Chamilli, il s'éleva un vent frais du Sud - Sud - Eft , *depuis* le 26. Mai, jufqu'au 14. Juin, *que ledit Amiral arriva à 53. degrés de latitude* fepᵗᵉ· N'ayant pas baiffé la voile de Perroquet dans le cours de 866. lieues au Nord - Nord - Oueft, fçavoir 410. lieues du Port Abel, au Port Blanc, & 456. lieues de cet endroit à Rio los Reyes, *il avoit fait fort beau* pendant tout ce temps, & l'on fit environ 260. lieues parmi des canaux qui ferpentoient entre les Ifles de l'Archipel de S. Lazare... Le 22. Juin l'Amiral de Fonte dépêcha un de fes Capitaines à Pedro Bernarda , pour lui donner ordre de remonter une belle Riviere..... (celle de Haro , & il) fit voile lui-même dans (celle de) Rio los Reyes.

Cependant l'Amiral de Fonte(ayant) atteint la hauteur du Cap Abel fur la Côte Oueft-Sud-Oueft de la Californie, à *vingt* dégrés de latitude fepᵗᵉ· , & à 160. lieues *Nord-Oueft* ¼*Oueft* des Ifles de Chamilli, il s'éleva un vent frais & conftant du Sud-Sud-Eft; & du 26. May jufqu'au 14. Juin il arriva à * *la Riviere de los Reyes fous* * *la latitude de 53. degrés* , n'ayant pas eu l'occafion de baiffer la voile du Perroquet dans le cours de 866. lieues au Nord-Nord - Oueft, fçavoir 410. lieues du Port-Abel au Cap Blanc , & 456. lieues de cet endroit à Rio los Reyes. *Le temps étoit fort beau* pendant tout ce trajet, & il fit environ 260. lieues dans les canaux ferpentans entre les Ifles de l'Archipel de S. Lazare.... Le 22. Juin l'Amiral de Fonte dépêcha un de fes Capitaines à Pedro Bernardo , pour lui donner ordre de remonter une belle Riviere... (celle de Haro , & il) fit voile lui-même dans (celle de Rio) los Reyes.

On voit que dans le Manufcrit communiqué par M. De l'Ifle & dont je me fuis fervi pour la Conftruction de la Carte, il n'eft point dit que l'entrée de la Riviere de Los Reyes eft *fous* la latitude du 53ᵉ. Dégré. Pour la fixer j'ai fait ufage de la route clairement exprimée enfuite , fçavoir 456. *lieues Nord-Nord-Oueft depuis le Port ou Cap Blanc* : ce qui place l'embouchure de Rio Los Reyes vers le 63ᵉ. Dégré, en renfermant dans le total , comme on le doit , les 260. lieues faites en ferpentant entre les Ifles de l'Archipel de S. Lazare , & toûjours au Nord-Nord-Oueft. Il me femble d'ailleurs que le fens du Manufcrit (qui n'a point l'Addition de l'Imprimé que j'ai mis ci-deffus entre deux Etoiles , & qui doit paffer pour une faute d'impreffion ,) eft que le vent frais favorifa l'Amiral de Fonte jufqu'au 53ᵉ. Dégré , & qu'il ceffa le 14. Juin. On voit par la fuite de la Relation que ce ne fut que le 22. que l'Amiral ayant paffé les canaux de l'Archipel de S. Lazare , arriva près l'embouchure de la Riviere de Los Reyes , & qu'avant de la monter il envoya ordre au Capitaine Bernarda d'entrer dans celle de Haro , qui en doit être voifine , & dans laquelle ce Capitaine entra le même jour 22. Juin , que fon Amiral monta auffi celle de Rio Los Reyes. Cette différence de huit jours outre l'eftime de la Route , eft une nouvelle preuve que l'entrée de Rio Los Reyes n'eft pas au 53e. Dégré. D'ailleurs en examinant la Relation avec attention , l'on concluera que l'Amiral de Fonte n'auroit pas perdu huit jours inutilement à refter à l'embouchure de la Riviere de Los Reyes , lui qui paroît très-preffé de parcourir en entier un Pays où les deux Jéfuites & Parmentier qui lui fervoient de Guides & d'Interprètes , avoient été avant lui & avoient fait des obfervations curieufes.

Mais ce n'eft pas la feule faute d'Impreffion de la page 14. Une autre qui eft très-fenfible , c'eft qu'on y met , comme on l'a vû , le Cap Abel de la Californie à 20. degrés de latitude feptentrionale , & tout le monde fçait que le Cap S. Lucas , qui forme la Pointe la plus Sud de la Californie , eft certainement à 23. Le Manufcrit ne laiffe aucun doute : il met le Port ou Cap Abel au 26. Dégré. Avant que de paffer à ce qui regarde la Riviere de Haro , j'obferverai qu'à la page 12. de la même Relation imprimée , il faut entendre que le Port de Ste. Helene , où l'Amiral de Fonte arriva le 7. Avril , eft à 200. lieues de *Lima* , & au Nord de la Baye de Guayaquil : je fais cette Obfervation par rapport à quelques perfonnes qui ont cru voir en cet endroit une faute d'impreffion , & qui fuppofoient qu'on devoit lire vingt lieues de Guayaquil.

II. La direction du cours de la Riviere de Haro n'eft point encore bien marquée dans l'Imprimé : voici la différence d'avec le Manufcrit fur lequel j'ai dreffé la Carte.

Manuſcrit.	*Imprimé*, pag. 14.
... Belle Riviere ...(de Haro...) laquelle coulant d'abord au *Nord-Nord-Éſt*, entre au *Nord-Oueſt* dans un large Lac rempli d'Iſles.	.... Belle Riviere.... il la remonta d'abord au *Nord*, & enſuite au *Nord-Nord-Oueſt*, puis au *Nord-Oueſt*, où il entra dans un Lac rempli d'Iſles.

Le cours de cette Riviere de Haro, tel qu'il eſt dans l'Imprimé, eſt une faute d'impreſſion d'autant plus importante, qu'elle détermine la ſuite de la Route du Capitaine Bernarda plus à l'Oueſt que le Manuſcrit. Lorſque je dreſſai la Carte particuliére de l'Amiral de Fonte en 1748. ſur ce Manuſcrit, & que j'en fis l'application entre le Cap Blanc de la Californie & la Pointe du Nord-Éſt de la Sibérie, j'eus la ſatisfaction de voir qu'il reſtoit un eſpace tel que la Découverte des Ruſſes à l'Éſt du Détroit du Nord y étant placée, les Pays énoncés dans la Relation de l'Amiral de Fonte ſe lioient avec les Connoiſſances des Ruſſes. Si l'on joint enſemble la Route Oueſt de Bernarda depuis l'entrée de la Riviere de Haro, avec celle de l'Amiral de Fonte depuis le Cap Blanc juſqu'à l'embouchure de Rio los Reyes, je crois qu'on aura la preuve Géometrique de la Relation de cet Amiral, comme la montre ma III. Carte.

ARTICLE II.

Obſervations Géographiques & Phyſiques ſur la Preſqu'Iſle qui forme en partie le Détroit du Nord, & ſur l'eſpace le moins large de ce Détroit ſous le Cercle Polaire.

CE qui me fait conjecturer que la Terre vûe au Nord par MM. Tchiricow & Deliſle de la Croyere, en revenant de l'Amérique en 1741. eſt une continuité de celle qui fut découverte par le Capitaine Bernarda, ou de la Terre au Midi du Lac Valaſco ; c'eſt la Réunion de diverſes Remarques qui nous ſont venues de Ruſſie, & la Connoiſſance que M. de Guignes vient de nous donner des anciennes Navigations que les Chinois ont faites au Kamtchatka, & de là à ce qu'ils appellent le Pays de Fou-ſang, qui fait partie de l'Amérique Septentrionale.

Le Capitaine Béering obſerva entr'autres choſes, comme le rapporte M. De l'Ifle, (*Explication* pag. 5.) qu'entre les Latitudes de 50. & 60. on avoit tous les indices poffibles d'une Côte, ou d'une Terre à l'Eft du Kamtchatka, peu de profondeur, & des vagues baffes, telles qu'on les trouve ordinairement dans les Détroits ou Bras de Mer : il ajoute qu'il vit des pins & autres arbres déracinés, qui étoient amenés par le vent d'Eft ; & il obferve qu'il n'en croît point de femblables en Sibérie. On voit auffi par le detail du Voyage de Bernarda, que ce Capitaine envoyé à l'Oueft, & au Nord-Eft par l'Amiral de Fonte, trouva de pareils arbres dans le Pays voifin de la grande Riviere qu'il defcendit au 61e. Degré, & à laquelle j'ai donné le nom de Bernarda.

Voici encore une circonftance importante de l'expédition du Capitaine Béering, qui a rapport au même fujet, & qui fe trouve dans les Relations venües de Ruffie en Angleterre. Les Auteurs de la grande Hiftoire Univerfelle (Tom. XIII. pag. 126.) examinant comment l'Amérique a été peuplée, nous apprennent que Béering étant arrivé à l'embouchure d'une grande Riviere à l'Eft, envoya à terre quelques hommes, qui ne revinrent pas. D'où ces fçavans Anglois concluent, qu'ils furent apparemment tués ou retenus par les Naturels du Pays, que par conféquent les Terres à l'Eft, & peu éloignées du Kamtchatka, font habitées, & qu'ainfi M. Dobbs n'a pas été fondé à fuppofer une vafte Mer de 7. à 800. lieues. Il me paroît que cette grande Riviere trouvée par le Capitaine Béering eft encore une preuve d'une grande Terre à l'Eft de la Sibérie entre 50. & 60. de latitude, outre les Obfervations du dit Capitaine rapportées par M. Delifle. On a donc tout lieu de croire que c'eft la continuation de la Terre qui eft au Midi du Lac Valafco, entre les Rivieres de Haro, & de Bernarda.

La Carte de Nuremberg qui a donné fur la même feuille le Kamtchatka avec la figure de la Mer Cafpienne, d'après les premiers Mémoires des Allemands établis à Petersbourg, repréfente au Nord vis-à-vis la partie la plus Orientale de la Sibérie, une Terre longue & étroite qui n'eft terminée qu'au Sud, & qui reffemble fort à la longue Prefqu'Ifle, entre le Lac Valafco & la Mer de Tartarie. De plus cette même Carte repréfente une grande Terre à l'Eft du Kamtchatka, que l'on pourroit croire d'abord être une Ifle ; mais je penfe qu'elle ne paroît telle en venant de la Sibérie, que parce qu'elle eft terminée au Nord par l'embouchure de la grande Riviere de Bernarda, & au Midi par la Mer qui baigne les Côtes vûes par les Ruffes en 1741. Strahlemberg * qui la fuppofe une Ifle, (quoique la Côte de l'Eft n'ait point été reconnue par les Ruffes) y met un Peuple nommé *Puchochotskes*, qui vient, dit-il, l'hyver par deffus la glace commercer en Sibérie, & qui a une langue & des mœurs différentes de celles des Nations du Nord-Eft de l'Afie.

Les Montagnes voifines du Port où les Ruffes s'arrêterent en 1741. paroiffent être une branche de celles qui forment les cataractes de la Riviere de Bernarda, que ce Capitaine n'a pû remonter qu'avec la Marée. Enfin fi l'on ajoute quelque foi au détail de la Carte de Nuremberg, la Côte Occidentale de cette Prefqu'Ifle eft garnie d'arbres, & cela lui donne encore une reffemblance avec les environs du Lac de Valafco, & de la Riviere de Bernarda. Au moins eft-il certain que l'efpace entre cette Riviere & l'Archipel de St. Lazare, qui a été defigné dans la grande Carte par des points fans hachures, n'a point été parcouru : ainfi l'on n'a aucune raifon pour fuppofer que ce foit une Côte, & que le Pays des Puchochotskes foit une Ifle.

La Côte méridionale de la Prefqu'Ifle dont il s'agit. n'étant pas fort éloignée de la Pointe du Kamtchatka, & fe trouvant fous la même latitude, s'accorde avec l'idée des anciennes Navigations Chinoifes qui fe faifoient fans prefque perdre la terre de vûe, & dont M. de Guignes vient de nous donner connoiffance, d'après les Hiftoriens autentiques de la Chine. Je ne dirai que deux mots de ces Navigations, parce qu'il doit publier la Differtation qu'il a faite à ce fujet, & dont il a bien voulu me donner communication, avant que de l'annoncer au Public. * Les Chinois dans le V. & VI. fiécles de J. C. alloient terre à terre, à un pays éloigné du Leaotong de 44. milles Lis vers l'Eft. Pour cela ils faifoient 12. milles Lis jufqu'au Japon, 7. milles Lis jufqu'au Venchin, que M. de Guignes prouve être le Iefo ; 5. milles Lis jufqu'à la pointe du Ta-han, qui eft celle du Kamtchatka ; enfin 20. m. Lis à l'Eft jufqu'au Fou-fang, dont les Hiftoriens Chinois font la defcription, & qui répond aux Terres voifines de celles qui ont été reconnues par les Ruffes en 1741. & au Midi du Lac Belle. Les Peuples en étoient civilifés, comme ceux de Conaffet dont parle l'Amiral de Fonte, & différens à tous égards des Barbares du Nord-Eft de l'Afie, que les Chinois appellent Tahan, & les Japonnois l'Oku-Iefo. M. de Guignes obferve que cette partie du Monde, que nous ne connoiffons que depuis peu de tems, étoit connue au V. fiécle par les Chinois, qui y faifoient des Voyages par terre, & il paroit par Kæmpfer que les Japonnois l'on figu-

* Voyez fa Lettre dans le Journal des Sçavans, Décembre 1752. première Partie

rée dans leurs Cartes, avec la partie voifine de l'Amérique, à peu près de la même maniere dons je l'ai fait, fans avoir eû connoiffance de leurs idées.

Entre la Côte Occidentale de cette Prefqu'Ifle, & l'Orientale de la Sibérie, fe trouve ainfi la plus grande partie du long Détroit, qui fépare l'Afie de l'Amérique, & auquel j'ai donné le nom de *Détroit du Nord*. Sa partie la moins large fe trouve précifément fous le Cercle Polaire, & les Ruffes mirent en 1731. une demi-journée à la traverfer de l'Eft à l'Oueft, ayant rencontré une Ifle au milieu, après quoi ils firent route au Sud pendant deux jours, le long & à la vûe de la Côte Orientale, où ils ne purent aborder ; mais ils apprirent d'un de fes habitans, qui vint à eux dans un petit bâtiment femblable à celui des Groenlandois, que cette Côte faifoit partie d'un très grand Continent, où il y avoit beaucoup d'animaux ou de fourures, comme le dit M. De l'Ifle (pag. 9. de fon Explication.) Nous avons eftimé enfemble la largeur de cet efpace du Détroit le mieux qu'il nous a été poffible, & au plus fort, d'après fes Mémoires, comme on le voit par la Carte des Nouvelles Découvertes publiée l'année derniere. S'il y a fur cet article quelque chofe à défirer, fur-tout pour un détail particulier, c'eft de l'Académie Impériale de Petersbourg que nous devons l'attendre.

Les Peuples de l'Amérique & les Animaux ont pû d'autant plus aifément y paffer de l'Afie, que ce Détroit eft fouvent glacé, & que comme le rapporte Strahlemberg, les Puchochotskes viennent fur la glace commercer en Sibérie. Isbrand-Ides nous apprend auffi dans le dernier Chapitre de fon Voyage, qu'à la Pointe du Nord-Eft de l'Afie, la glace eft en fi grande quantité, que quelquefois la furface de la Mer demeure deux ou trois ans fans fondre : Evénement dont on a eû, dit-il, un exemple dans la gelée de 1694.

Lorfque le Capitaine Béering vint en 1728. à cette Pointe du Nord-Eft de l'Afie, il y trouva la Mer libre à l'Eft comme au Nord, ainfi que le rapporte M. De l'Ifle (pag. 5.) On ne peut donc pas fuppofer que la grande Terre découverte par les Ruffes en 1723. qui eft au Nord de l'embouchure du Kovima, & à 48. hres. de la Côte de Sibérie, foit unie à celle qui eft à l'Eft du Détroit & à l'Oueft du Lac Valafco. Mais il paroît que cette grande Terre, qui eft fort habitée & garnie de bois, eft la grande Ifle dont a parlé le P. Avril, pag. 211. de fon Voyage, fur le rapport d'un Intendant de la Sibérie.

Voici le paffage du P. Avril, que j'ai cru devoir mettre ici en entier. Ce Pere étoit en Ruffie en 1686.

Le Vaivode de Smolensko (qui a) été fort long-temps Intendant de la Chancellerie du département de la Sibérie, après nous avoir demandé de quelle maniere nous croyons que l'Amérique eût été peuplée, & après que nous eûmes répondu ce qui se dit communément sur cela, il nous fit connoître qu'il avoit une conjecture plus probable que toutes les nôtres. » Il y a, nous dit-il, au de-là de l'O-
» bi une grosse Riviere nommée Kawoina dans laquelle se jette une
» autre qui porte le nom de Lena *. A l'embouchure de cette pre-
» miére qui se décharge dans la Mer Glaciale, on trouve une grande
» Isle fort peuplée, & qui est fort considérable pour la chasse du Be-
» hemot, qui est un Animal Amphibie, dont les dents sont fort esti-
» mées. Les Habitans vont souvent sur les bords de cette Mer gla-
» cée à la chasse de ce Monstre, & comme elle demande de gran-
» des assiduités, ils y menent ordinairement avec eux toute leur fa-
» mille. Or il arrive assez souvent qu'étant là surpris d'un dégêl,
» ils sont emportés je ne sçai où, sur de grandes piéces de glace,
» qui se détachent les unes des autres. Pour moi, nous ajoûta-t-il,
» je ne doute pas que plusieurs de ces Chasseurs n'ayent été conduits
» sur ces glaces flottantes, vers la Pointe de l'Amérique la plus Sep-
» tentrionale, qui n'est pas fort éloignée de cette partie de l'Asie,
» qui aboutit à la Mer de Tartarie ; & ce qui me confirme dans cet-
» te opinion, est que les Américains, qui habitent cette Contrée la
» plus avancée de ce côté-là vers la Mer, ont la même physionomie
» que ces malheureux Insulaires, que la trop grande avidité pour le
» gain expose de la sorte à être transportés dans un Pays étranger. »

ARTICLE III.

Examen de la Carte Angloise des Découvertes de l'Amiral de Fonte, publiée par l'Ecrivain du Vaisseau la Californie, avec plusieurs Remarques sur les différentes idées que l'on a eues touchant le Détroit d'Anian.

J'Avois fait ma Carte de la Relation de l'Amiral de Fonte en 1748. d'après le Manuscrit communiqué par M. De l'Isle, lorsque l'Ecrivain du Vaisseau appellé *la Californie*, donna en 1749. la

---

* La Kowima ne se jette pas dans la Lena, mais on peut de l'une aller gagner l'autre, & le P. Avril n'aura pas bien entendu ce que lui aura dit l'Officier Russe.

seconde Relation du dernier Voyage fait à la Baye d'Hudson en 1746. & 1747. Il y a inséré la Relation de l'Amiral de Fonte avec des Notes & une Carte, qui est celle dont je me propose l'examen. Quoiqu'il y ait de grandes différences entre cette Carte & la mienne, on y remarque cependant des ressemblances ; & c'est par-là que je commencerai.

Elle met la même distance que moi entre le Cap Blanc, & les Embouchures des Rivieres de Los Reyes, & de Haro, voisines l'une de l'autre, que l'Amiral de Fonte & son Capitaine Bernarda monterent en même-temps, le 22. Juin 1640. Depuis l'embouchure de la Riviere de Los Reyes, la Carte Angloise a disposé comme moi toute la Route particuliere de l'Amiral de Fonte, à l'exception seulement de l'espace parcouru depuis le Détroit de Ronquillo, jusqu'à la jonction du Vaisseau Anglois de Schapely, espace qui n'est pas clairement exprimé dans la Relation. On voit aussi par les Notes de l'Ecrivain du Vaisseau la Californie, qu'il a cru que le Capitaine Bernarda étant sorti du Lac Valasco à l'Ouest, est monté au Nord-Est de la Mer de Tartarie, jusqu'à la latitude d'environ 79. ce qui s'accorde avec la Remarque du Capitaine Béering, dont j'ai ci-devant parlé ; sçavoir, qu'au Cercle Polaire & au de-là du Détroit du Nord, la Mer est libre au Nord & à l'Est.

Au reste, cet Auteur de la Carte Angloise paroît avoir confondu les Routes du Capitaine Bernarda, separément exprimées dans l'Edition même de la Relation qu'il donne ; sçavoir, la Route Est-Nord-est de 436. lieues dans le Lac Valasco jusqu'au 77. degré, & celle du Nord-est dans la Mer de Tartarie, jusqu'au 79. degré ; & c'est une premiére différence du systême Anglois. Une autre aussi considérable, & qui n'est pas moins contraire au Texte de la Relation allegué au commencement de l'Article II. de ces Eclaircissemens, (où il est question de 456. lieues Nord-Nord-Ouest depuis le Cap Blanc jusqu'à Rio Los Reyes,) c'est d'avoir supposé que l'Amiral de Fonte fit la moitié de sa Route au Nord-Ouest pour doubler un certain *Cap Fortune*, & l'autre moitié Est dans l'Archipel S. Lazare : supposition toute gratuite, que l'Ecrivain Anglois n'appuie dans une longue Note, que par l'idée du Détroit d'Anian mis au Nord de la Californie entre 51. & 53. de latitude. Cette idée, dont j'examinerai bientôt le fondement, est la base du Systême de sa Carte sur la Relation de l'Amiral de Fonte, par rapport à la Latitude.

Quant à ce qui concerne la Longitude Occidentale, il s'est conduit par un autre préjugé. Car pour la Longitude Orientale, la Carte Angloise n'en fait point mention ; & ellen'a point exprimé la liaison qui devoit se trouver entre la Baye d'Hudson, & la Mer prétendue de Ronquillo, que l'Ecrivain du Vaisseau la Californie distingue de cette Baye, & qui est le terme des Découvertes de l'Amiral de Fonte en particulier. Le préjugé qui paroît l'avoir conduit par rapport à la Longitude Occidentale, & auquel il a assujetti les Découvertes du Capitaine Bernarda vers l'Ouest, c'est que la Mer de Tartarie a plus de 30. Degrés de largeur, entre l'extrémité Orientale de la Siberie & l'Amérique. C'étoit l'idée de M. Dobbs, * dont le sentiment n'a pas été goûté par les Sçavans Anglois Auteurs de l'Histoire Universelle (Tom. XIII. pag. 121. & 127.) En conséquence de cette supposition contraire à diverses Observations des Russes, la Carte Angloise, 1°. resserre considerablement la Route Ouest de Bernarda & le Lac Valasco, n'ayant nul égard aux 140. lieues que la Relation dit qu'il fit dans ce Lac à l'Ouest, non plus qu'à celle de 436. lieues à l'Est-Nord-Est faite dans le même Lac. Par les 140. lieues l'Ecrivain du Vaisseau la Californie entend dans ses Notes les 80. lieues de la Riviere (de Bernarda) & suppose qu'il fit 60. lieues en Mer dans la même direction. J'ai déja observé ci - dessus que la Route de 436. lieues est confondue par cet Auteur, avec celle que la Relation marque avoir été faite dans la Mer de Tartarie hors du Lac Valasco. 2°. Elle termine sans fondement une prétendue Côte Occidentale, ni parcourue ni reconnue entre l'Archipel de S. Lazare & la Riviere dont l'embouchure est au 61. Degré, & que Bernarda descendit pour suivre la Mer de Tarrarie au Nord-Est suivant les ordres exprès de son Amiral. Ce qui prouve que les Terres de l'Amérique s'étendent beaucoup plus à l'Ouest & au Nord, que ne le suppose la Carte Angloise ; c'est la Réunion que j'ai faite dans ma II. Carte des diverses Terres découvertes par les Russes. On y doit surtout remarquer au Nord, celles qu'ils reconnurent à l'Est de l'espace le moins large du Détroit ; & du côté du Sud, il est nécessaire de se rappeller tout ce que j'ai dit sur la Presqu'Isle des Puchochotskes.

Je reviens à ce que j'ai observé ci-dessus être la base de la Carte Angloise par rapport à la Latitude. C'est l'idée du Détroit d'Anian entre le 51. & le 53. Degré de Latitude, & commençant au 239. de Longitude, où on l'a transporté peu à peu d'environ le 180. près duquel il étoit d'abord le long des Côtes Orientales de Tartarie. Il est clair par les raisonnements des Notes Angloises sur la Relation de l'Amiral de Fonte, que cette idée a déterminé l'Auteur de la Carte. Mais ce qu'il y a de surprenant, c'est qu'en rapportant un Extrait de la Navigation de Jean de Fuca qui entra dans la Mer de l'Ouest par l'Ouverture qui est au 47. Degré de Latitude *, cet Auteur s'appuie sur ce qui y est dit des Isles de cette Mer, pour faire remarquer que cette Relation a *beaucoup de rapport* avec celle de l'Amiral de Fonte sur l'Archipel de S. Lazare, & que l'on doit croire que c'est le *même passage* : il décide en même temps qu'il n'y a de différence que la *seule Latitude*, & qu'il faut *peu s'en embarrasser*. Il suppose encore comme je l'ai déjà dit, que l'Amiral de Fonte a fait une partie de sa Route depuis le Cap Blanc, (ou selon lui le Cap Blanquial) jusqu'à Rio los Reyes, & l'autre partie à l'Est, contre le Texte même de sa Relation. C'est en conséquence de toutes ces suppositions arbitraires, que la Carte Angloise a mis l'embouchure de Rio los Reyes *sous* la Latitude du 53. Degré dans son prétendu Détroit d'Anian.

Du côté du Nord elle borne les Découvertes de l'Amiral de Fonte au 66. Degré, par la raison que les deux Jésuites qui étoient venus auparavant dans ce Pays (& qui y avoient été deux ans en Mission) l'avoient parcouru jusqu'à cette Latitude ; c'est ce que dit en effet la Relation. Mais, si ces Peres eussent vû la Mer en cet endroit, elle n'auroit pas omis de le marquer, & elle ne se seroit pas contentée de dire qu'ils avoient fait des observations fort curieuses en ce Pays, aussi bien que Parmentier qui servit ensuite d'Interprète à l'Amiral de Fonte. Au reste l'exposition Géometrique de sa Relation, qui fait le sujet de ma III. Carte, acheve de détruire le Système de la Carte Angloise, déja renversé par la réunion de diverses Observations faites sur les Terres qui s'étendent plus au Nord & à l'Ouest que cette Carte ne suppose.

Comme son Auteur fait à ce sujet une mention singuliere du Détroit d'Anian, & que dans ses Notes il renvoye à une Carte qui se trouve dans Purchas (Tom. III.) j'ai cru devoir faire quelques remarques sur ce Détroit, dont on parle depuis long temps avec incertitude, & j'en ai mis le Résultat sur ma II. Carte. Il y a plus de 180. ans que les meilleurs Géographes de ce temps ont commencé à mettre un Détroit entre l'Asie & l'Amérique, auquel ils donnoient le

---

* On trouvera le récit abrégé de cette Navigation, après le Mémoire de feu Guillaume Delisle sur la Mer de l'Ouest (II. Partie de ces Eclaircissemens.)

nom

nom d'*Anian*, dont l'entrée Méridionale étoit à 180. ou 190. degré de Longitude, & qui s'étendoit depuis le 56. de Latitude jufqu'au de-là du 62. On marquoit à fon entrée vers l'Eft un *Cap
Fortune*, jufqu'où l'on défignoit une longue Côte qui venoit du
Cap S. Lucas de la Californie. J'ai exprimé cette Côte dans ma II.
Carte, conformément à celles de 1570. d'Ortélius, &c. d'après
une ancienne Carte Marine Hollandoife qui paroît faite avec foin, *
& qui a été imprimée en 8. feuilles vers 1600. L'attention qu'on fit
enfuite furtout à la Navigation de François Drack (qui aborda en
1579. vers le 40. Degré de Latitude de la Californie, & qui monta au Nord jufques vers le 45. d'où les glaces l'obligerent de defcendre au Sud, pour gagner les Moluques) fit retrancher la partie
la plus Sud de la longue Côte en queftion, dont il femble néantmoins qu'on auroit dû conferver une idée plus au Nord. En 1625.
Purchas fit connoître un travail Géographique que l'on avoit fait
quelques années auparavant en Angleterre, où l'on croyoit que la
Mer du Japon venoit au Nord de la Californie, alors réputée Ifle,
& communiquoit par le Nord-Eft avec la Baye d'Hudfon.

Divers Ecrivains célébres † chercherent enfuite les fondemens du
Détroit d'Anian ; & leurs efforts n'ayant pû rien produire, ce Détroit devint fort incertain, & peu à peu il difparut des meilleures
Cartes, quoique les Sçavans convinffent qu'il devoit y avoir un Détroit au Nord de la Mer du Sud ; ce que l'on conjecturoit des vio-
lents Courans qu'on éprouve entre le Japon & la Californie, de
certains poiffons que l'on rencontre ordinairement près des Détroits,
& en particulier de quelques Baleines que l'on a trouvé au Nord de
la Mer du Sud avec des harpons Hollandois & François qu'elles
avoient reçu au Spitzberg.

Cependant, avant qu'on en vint jufqu'à retrancher entiérement
le Détroit d'Anian, retranchement qui faifoit perdre toute idée du
tableau des anciennes Connoiffances, ce Détroit fut tranfporté dans
la Carte originale de Texeira, * du 180. Dégré de Longitude où

Defc. de Co-
rée, To. IV. des
Voy. au Nord.

---

* Voici le titre de cette Carte : *Americæ Tabula nova multis locis tàm ex terref-
tri peregrinatione, quàm recentiori navigatione, ab exploratiffimis Naucleris, &
multò quàm anteà exactior edita.*

† Laet, dans fa Préface de l'Hiftoire des Indes Occidentales ; Hornius, dans
fes Origin. Americ. Lib. III. Cap. 9. Varenius, Lib. 1. Cap. 12. Prop. 7. &c.
Diction. Géographiq. de la Martiniere, au mot *Anian*.

* Cette Carte que Texeira fit à Lisbonne en 1649. & que l'on donnoit manufcrite aux Navigateurs Portugais, étoit plus étendue en Longitude d'environ 40. dé-

il étoit auparavant , vers le 200. Dans le même temps Dudley pro-
longeant à l'excès la Côte Meridionale de l'Isle de Ieso, mit en
1647. le *Cap Fortune* , & par conséquent le Détroit d'Anian près du
220. de Longitude (selon lui le 229.) Enfin ce Détroit est transporté près du 240. Dégré entre les Latitudes de 51. & 53. par l'E-
crivain du Vaisseau la Californie, d'après quelque Carte Angloise
qui désigne un Passage au Nord-est de la Mer du Sud, ou de la Mer
du Japon , à la Baye d'Hudson. Guillaume Sanson en 1667. 1669.
&c. ne marqua plus le Détroit d'Anian , (que Nicolas son Pere avoit
conservé en 1650. à l'exemple des premiers Géographes Modernes ;) & cependant il désigna le Passage dont je viens de parler , mais
sans y mettre le nom de Détroit d'Anian, qu'il ne croyoit apparemment pas qu'on pût tant éloigner des Côtes de la Tartarie. En même
temps il marquoit entre le Détroit d'Uriez & la Californie représentée comme une Isle, la Terre de Ieso, qu'il confond avec celles de
la Compagnie & de Jean de Gama , & qu'il semble avoir regardé
comme faisant partie de l'Amérique, aussi bien que Nicolas Sanson
son Pere. Toutes ces incertitudes engagerent Guillaume Delisle à
ne rien mettre, du côté de l'Amerique, au de-là du Cap Blanc ; &
& se servant avec discernement des Relations qu'on avoit sur la Terre de Ieso, il ne l'étendit pas plus de 5. degrés à l'Est du Japon.

Aujourd'hui que nous connoissons un Détroit vers le Nord, près
des Côtes de la Tartarie, qui sont bien plus avancées au Nord-est
qu'on n'avoit lieu de croire ci-devant, ne pouvons - nous pas dire
que c'est celui auquel nos Anciens ont donné le nom d'Anian ? Les
ressemblances me paroissent à remarquer. L'un & l'autre a son entrée au Sud vers le 180. Degré:ils se trouvent entre les Côtes Orientales d'Asie ou de Tartarie, & celles du Nord-Ouest de l'Amérique;
ils s'étendent jusqu'au Cercle Polaire, après quoi les Terres tour-
nent du côté de l'Amérique Septentrionale au Nord-Est, & du cô-

---

grés , que celle qu'a publié en 1664. Thevenot, dans son Recueil de Voyages curieux , & sur laquelle il paroît qu'on avoit corrigé celle de Texeira , y ajoûtant surtout la Découverte de Ieso faite par les Hollandois en 1643. Il y a au Dépôt des
Cartes & Plans de la Marine , une Carte en Velin manuscrite de la première es-
pece. Thevenot en publiant la sienne, disoit qu'on y apprenoit ,, qu'il n'y avoit point
,, de Détroit d'Anian , & qu'elle auroit pû sauver aux Hollandois , si elle avoit parû
,, à la fin du Siécle précedent , plusieurs tonnes d'or qu'ils ont employé pour na-
,, viger à la Chine par le Nord-Est , & par ce Détroit d'Anian que tout le monde
,, supposoit (dit-il) entre la Chine & le Japon. ,, Dans la Carte originale le Détroit d'Anian étoit marqué.

té de la Tartarie ou de l'Asie au Nord-Ouest : enfin nos Anciens marquoient dans leur Détroit d'Anian, près du 60. ou 61. Degré de latitude, du côté de l'Amérique, une grande Riviere nommée *Grandes Corientes*, qui répond à la Riviere de Bernarda. Tout cela ne peut-il pas faire conjecturer qu'ils ont eû réellement la connoissance du Détroit en question, & l'idée d'une suite de Côte que leurs successeurs ont trop rabaissé, & qu'ils ont rempli de diverses choses presque à l'aventure.

Voici deux Observations qui peuvent engager les Sçavans à faire de nouvelles recherches sur ce sujet, surtout en Italie & en Portugal. 1°. Les Cartes les plus anciennes que j'ai vû, & qui sont toutes Latines, marquent cependant ce Détroit en Italien, *Stretto di Anian* : ce qui me fait soupçonner que le premier qui en a fait mention, est quelque Mathématicien d'Italie, où après les premiéres Découvertes des deux Indes, l'on a fait à ce sujet des Cartes encore aujourd'hui curieuses pour ceux qui veulent suivre le Progrés des Connoissances Géographiques. 2°. Benedetto *Scotto* Génois, proposant à Louis XIII. en 1619. un *Globe Maritime*, & une *Navigation* à faire *par dessous le Pole Arctique* d'une maniére qu'il prétendoit aussi aisée que courte, vers ce qu'il appelle la *Partie Occidentale du Canada*, & vers les Indes Orientales, dit page 5. d'un *Discours* imprimé à Paris *in-folio*. » Cette partie Occidentale du Canada (qu'il met dans une » de ses Cartes près du 180. degré selon notre façon de compter,) » fut reconnue par les Portugais en l'année 1520. en la hauteur de » 60. degrés, pour être habitée de gens raisonnables & humains, & » remplie de quantité (d'animaux,) & de bons pâturages. Ils n'a-» bandonnerent cette Terre qu'à cause de la trop grande navigation » qui contient 4590. lieues, (en y venant par la Mer des Indes.)

Cependant, en finissant cet Article, je crois devoir ajoûter, que dans quelques-unes des plus anciennes Cartes, on représente les Terres de l'Amérique Septentrionale comme une continuité de celles du Nord-Est de l'Asie ; & elles y sont jointes par un Isthme assez large, qui est au Nord du Japon. Ce sentiment a eû pendant un assez long-temps plusieurs Sectateurs, & même de célébres. Le P. Kircher étoit de ce nombre, & il disoit en 1636.(in Prodromo Copto) qu'il en étoit presque convaincu par des raisons mathématiques. Il paroît que ce sentiment est le plus ancien. Car dans une belle édition de Ptolémée faite à Rome en 1508. & que j'ai vue dans la Bibliotéque de Sorbonne, il y a une Carte qui représente les premiéres Dé-

couvertes des Efpagnols & des Portugais en Amérique, don la partie du Nord-Eft, c'eft-à-dire le Labrador & l'Acadie font fuppofés
être la continuité des Terres de la Tartarie ; & ce qu'on venoit de
reconnoître du Mexique & de la Floride, eft repréfenté comme
des Ifles. Au refte lorfque le Détroit du Nord eft gêlé, l'Amérique
tient à l'Afie par une efpece d'Ifthme ; & fi on a eû anciennement
quelque indice de paffage à pied, indépendamment de toutes les
reffemblances qui fe trouvent entre les Tartares & les Américains
Septentrionaux, le fentiment dont je viens de parler, a pû dans ce
cas avoir quelque fondement ; fans qu'on doive fuppofer avec les
Anglois Auteurs de l'Hiftoire Univerfelle, * que l'Afie & l'Amérique ont été autrefois jointes enfemble par un Ifthme, qu'un trem-
blement de terre a pû détruire.

* Tom. XIII.
p. 120.

ARTICLE IV.

*Obfervations fur les hautes Marées du Welcome, ou du Nord-Oueft
de la Baye d'Hudfon, & fur divers indices que la grande Mer
appellée vulgairement la Mer du Sud, y communique par la Mer
de l'Oueft & autres épanchemens.*

LES hautes Marées du Nord-Oueft de la Baye d'Hudfon, m'ayant
paru un point important à expofer au fujet de la communication que l'on foupçonne depuis long-temps entre cette Baye & la
Mer du Sud, je vais le faire de la maniere la plus claire qu'il me
fera poffible, & j'indiquerai enfuite mes conjectures fur les diverfes
communications que défigne la premiére des Cartes que je publie,
actuellement. Pour repréfenter ces Marées avec toutes leurs cir-
conftances & leurs caractéres, j'ai raffemblé fous un feul point de
vûe les Obfervations faites depuis plus de 100. ans, & réiterées
plufieurs fois par divers Navigateurs, dont Ellis nous fait une hiftoire fuivie & intéreffante dans fa Relation du dernier Voyage à la
Baye d'Hudfon.

Les Marées de la Partie Septentrionale de cette Baye du côté de
l'Oueft, font beaucoup plus hautes que celles de l'Eft qui viennent
inconteftablement de l'Océan. A l'entrée du Détroit d'Hudfon &
& aux Ifles de Refolution, elles montent de 4. à 5. Braffes : mais

elles diminuent enfuite tellement en parcourant le Détroit d'Hudfon, qu'à l'entrée de la Baye elles ne font plus que de 6. pieds, entre l'Ifle Manfels & Cary-Swans-Neft, étant réduites prefque à rien
& imperceptibles aux petites Ifles du Moulin, qui font au Nord de
celle de Notingam & à la Latitude de 64. Mais à l'Oueft de la
Baye & le long de la Côte du Welcome, depuis environ 63°. jufques vers 67°. de Latitude, les Marées font de 3. 4. à 5. Braffes de
hauteur, comme il a été obfervé en 1631. par le Capitaine Fox,
& conftaté en 1722. par le Capitaine Scroggs, en 1742. par le Capitaine Middleton,& enfin dans le dernier Voyage de 1746.& 1747.
Cette hauteur eft la même que celle qui fe trouve à l'entrée du Détroit d'Hudfon du côté de l'Océan. Or l'on ne peut croire qu'une Marée, qui pendant plus de 200. lieues rempliroit en fon chemin tant de
Bayes, & rencontreroit tant d'obftacles, monteroit fi haut, furtout
après avoir diminué par degrés : il faut donc reconnoître que ces
Marées qui fe réduifent à 9. pieds au Port Nelfon, viennent d'autre part que du Détroit d'Hudfon.

Quand on voudroit foutenir la réalité d'un Détroit au Nord de
la Baye, & par où fe déchargeroient les Eaux de la Baye de Baffin,
(Détroit que l'on a fuppofé fans en avoir de preuves pofitives,) on
ne pourroit encore expliquer par-là les hautes Marées en queftion.
Car il en feroit des eaux de ce Détroit, comme de celles du Détroit
d'Hudfon. Le Capitaine Baffin a obfervé que la Marée ne montoit
qu'à 8. ou 9. pieds au 72. Dègré, c'eft-à-dire vers l'extrémité du Détroit de Davis & à l'entrée de la Baye de Baffin. Ainfi cette Marée feroit imperceptible, après avoir parcouru toute cette Baye, & être
arrivée du côté de l'Oueft au Détroit que l'on a fuppofé au Nord de
la Baye d'Hudfon.

Il ne nous refte donc plus qu'à penfer que les Marées du Nord-
Oueft de cette Baye viennent de la partie Septentrionale de la grande Mer, appellée vulgairement la Mer du Sud, vifitée autrefois par
les Chinois & les Japonnois, enfuite par quelques Portugais felon
Scotto, par divers Efpagnols, & enfin par les Ruffes. La Communication n'eft pas feulement indiquée par les Marées, mais encore
comme l'obferve Ellis, 1°. par la violence des Courans, qui tien-
nent le Nord-Oueft de la Baye d'Hudfon, dégagé de glaces, pendant que le refte de cette Baye vers le Sud en eft couvert; & c'eft ce
qui engage les Baleines & autres poiffons à fe retirer en grand nombre au Nord-Oueft de la Baye: 2°. par la temperature de l'air, &

même la chaleur : 3°. par la transparence des Eaux, qui est telle qu'on voit le fond de la Mer au Welcome, quoiqu'il soit à 11. Brasses de profondeur : 4°. par la direction des vents du Nord-Ouest qui y accompagnent les plus hautes Marées, & qui amenent durant l'hiver quantité de neiges ; d'où Ellis a conclu qu'il doit y avoir à l'Ouest de grands amas d'eaux, qui s'y trouvent en effet, moyennant la construction que j'ai faite de la Relation de l'Amiral de Fonte, avant d'avoir eû connoissance des Observations d'Ellis.

J'ajoûte que les Marées en question ne peuvent venir par la Route que l'Amiral de Fonte a tenue depuis la Riviere de los Reyes. Car outre que le chemin seroit trop embarrassé pour qu'elles fussent si fortes, il paroît que les Marées de la Mer du Sud, qui entrent par cette Riviere, ne passent guéres la Cataracte du Lac Belle ; & les deux rivieres de Parmentier & de los Reyes, dont le cours est opposé, sont d'eau douce. Je pense que le courant avec lequel l'Amiral repassa le Détroit de Ronquillo, est un effet de la réfusion des Marées du Nord-Ouest de la Baye d'Hudson, quoique je soupçonne avec l'Ecrivain du Vaisseau la Californie, que le Lac de Fonte peut avoir quelque communication avec la Mer du Sud, mais par le moyen de la *Grande Eau* des Sauvages ; & ce soupçon vient de ce que l'Amiral de Fonte a dû être aidé d'une Marée assez forte, pour remonter la Riviere de Parmentier avec ses 8. Cataractes.

Je conjecture d'ailleurs que la Grande Eau des Sauvages est la cause des hautes Marées du Welcome, où elle se décharge par diverses ouvertures, telles que celle de Chesterfield, qui selon Ellis, a des caracteres dignes d'attention : c'est ce que de nouvelles tentatives, ou Expeditions peuvent seules nous apprendre avec certitude. En attendant, je soupçonne que cette Grande Eau communique avec la Mer du Sud, non-seulement par la Mer de l'Ouest, mais encore par un épanchement immédiat qui peut se faire à l'Est des Isles ou Terres basses de l'Archipel St. Lazare, lesquelles répondent aux Pointes de Terres vûes par les Russes. J'ai deux raisons pour soupçonner cette Communication. 1°. Les Anglois ont pû avoir de bons motifs pour supposer d'après quelques Relations, une ouverture vers le 53. degré de Latitude, & à laquelle on a donné mal à propos le nom de Détroit d'Anian ; il est à désirer qu'ils veulent bien produire sur cela des éclaircissemens. 2°. On doit remarquer que l'Amiral de Fonte ne dit point avoir reconnu la Côte du Continent à l'Est de ces Isles, qu'il n'a traversé que par leurs canaux, faisant toûjours route Nord-Nord-Ouest, & il ne paroît avoir été occupé que d'aller promptement gagner un Paſſage qui étoit dans un Pays nouvellement reconnu par les deux Peres Jéſuites & Parmentier, qui lui ſervirent de Guides & d'Interprètes.

Quant à ce qui regarde la Mer de l'Oueſt & la Grande Eau des Sauvages, ainſi que quelques Relations qui nous apprennent qu'on a paſſé parlà de la Mer du Sud à la Baye d'Hudſon, les fondemens de cette partie de ma Carte ſeront expliqués dans le Mémoire de feu Guillaume Deliſle mon Beaupere, qui doit ſuivre ces Eclairciſſements, & à la fin duquel j'ai pris la liberté de faire une Addition. Il y montre qu'on eſt autoriſé à croire l'exiſtence d'une Mer qu'il nomme la Mer de l'Oueſt (au Nord du Nouveau Mexique & à l'Oueſt du Canada) d'après nombre de Relations entierement conformes les unes aux autres, ſoit des Eſpagnols, ſoit des Sauvages du Canada & de la Louiſiane qui en ont parlé aux François en différens temps. Dans mon Addition, j'ai réuni pluſieurs Témoignages nouveaux, avec des Remarques ſemblables faites ſurtout par les Sauvages que les Anglois établis à la Baye d'Hudſon appellent les Indiens Septentrionaux; je donne enſuite un Abregé de quelques anciennes Relations, qui nous diſent que pluſieurs Vaiſſeaux ont paſſé de la Mer du Sud dans la Baye d'Hudſon, en faiſant leur Route par la Mer de l'Oueſt: enfin je parlerai d'une Carte Japonnoiſe de l'Univers, qui confirme pluſieurs des choſes que j'ai dites. J'acheverai ainſi de faire voir que le Syſtême Géographique que je propoſe ſur le Nord-Oueſt de l'Amérique, accorde enſemble, au moins d'une maniere générale, les faits de toutes les Relations dont j'ai pû avoir connoiſſance, en attendant que l'on faſſe des Découvertes qui nous procurent plus de préciſion.

Au reſte je crois pouvoir dire encore, que mon Plan de la Relation de l'Amiral de Fonte, dont il eſt à deſirer que l'original & les détails puiſſent ſe trouver, n'a rien qui répugne, & que ces Découvertes ſont pour ainſi dire enchaſſées, & s'accordent avec les Terres dont les Ruſſes nous ont procuré la connoiſſance depuis 20. ans, & avec les indices de Mers & de Lacs dont parlent diverſes Relations.

Fin de la premiére Partie des Eclairciſſemens.

EXTRAIT

EXTRAIT DES REGISTRES

De l'Académie Royale des Sciences.

Du 7. Juillet 1753.

NOUS avons examiné par ordre de l'Académie, un Mémoire de M. Buache sur les Découvertes faites au Nord & à l'Orient de la Mer du Sud.

L'objet du Mémoire & des nouvelles Cartes qu'on y joint, est d'accorder les Points découverts par les Navigations des Moscovites, avec les Indications données par Strahlemberg, avec les Rapports faits par les Officiers François au Dépôt de la Marine, avec la Relation de l'Amiral de Fonte, enfin avec les Conjectures de feu M. Guillaume Delisle sur la Mer de l'Ouest.

Quoique l'Académie ne puisse pas adopter comme autentiques les Découvertes de l'Amiral de Fonte qui sont placées dans les nouvelles Cartes de M. Buache & qui remplissent même une assez grande étendue, nous croyons cependant qu'il est utile de les conserver, & d'en faire voir l'accord avec toutes les Connoissances & toutes les Indications qu'on a pû rassembler jusqu'ici, sur les bornes de l'Amérique Septentrionale du côté de la Mer du Sud & du Kamtchatka. D'ingénieuses Conjectures unissent ensemble les différentes parties du Systême Géographique de M. Buache. Nous croyons qu'il peut intéresser la curiosité du Public, & qu'il mérite d'être imprimé. *Signé* BOUGUER & DE MONTIGNY.

Je certifie l'Extrait ci-dessus conforme à son Original, & au Jugement de l'Académie. A Paris ce 13. Juillet 1753.

GRANDJEAN DE FOUCHY, *Secret. perpet. de l'Acad. Royale des Sciences.*

De l'Imprimerie de BALLARD, rue S. Jean-de-Beauvais, à Sainte Cécile.

Cet extrait a été lu à
l'Académie le 26 mai 1753
par Robert de Vaugondy

L'Académie à nommé le
au mois de juin, pour
commissaires MM. Bouguer
et le Monnier.

Extrait des observations contenues dans le Memoire présenté à l'Académie R.le des Sciences, au sujet de la Relation des découvertes faites par l'Amiral De la fuente au nord et à l'ouest de l'Amerique septentrionale en 1640

Les découvertes deviennent d'autant plus interessantes, qu'elles acquierent un plus grand degré de certitude. Il seroit à desirer que celles qui font le sujet du memoire present pussent avoir cet avantage. Mais la lecture que j'ai entendue faire de ces découvertes à la rentrée publique de cette Académie à Pâques 1750 me causa des doutes sur leur authenticité, qui se fortifierent de plus en plus par les lectures particulieres et reflechies que j'en fis aussitot qu'elles furent publiées.

Premierement l'espace de tems ecoulé depuis 1640 que ces découvertes ont eté faites jusqu'à 1750 qu'elles ont eté mises au jour, forme un intervalle de 110 ans, pendant lesquels il est surprenant que des puissances recommandables par leur commerce maritime, ayent gardé un silence si profond.

Secondement le peu de tems employé pour decouvrir une

si grande etendue de terres contribua encore à m'autoriser dans mes doutes. Il ne faut qu'alire l'abregé fidele de cette Navigation qui se trouve dans mon memoire; les erreurs de vraisemblance que j'y remarque sur le gisement du Cap Abel; les observations d'histoire Naturelle circonstanciées dans la relation; et la comparaison que je fais de cette Navigation de cinq mois et de plus de 3500 lieues avec celle du Capitaine Tchirikow, et avec celles du tour du monde faites par Magellan, par Drac, par Candish, par Anson et autres, pour conclure s'il est possible en si peu de tems et dans un climat inconnu de faire des progrès si rapides.

Troisièmement enfin le defaut de correspondance que je remarquai entre la carte des M.rs Delisle et Buache, presentée au Roi à Compiègne en Juillet 1752, et la relation qui sembloit devoir en etre le fondement, me determina à ne plus croire possible l'existance de ces decouvertes.

Je desirois cependant toujours que ces decouvertes pussent etre authentiques, tant pour l'avantage que la Geographie en retireroit, que pour satisfaire l'intention du celebre Astronome qui le premier les a publiées. Pour remplir mes desirs, je profitai d'un envoi que je faisois de mes nouveaux Globes à un Seigneur de Madrid. J'écrivis à ce Seigneur le 20 février de cette année la lettre qui se trouve dans mon mémoire page 11, d'après laquelle on peut voir les éclaircissemens que je demandois sur la relation de l'Amiral de la fuente. Le Seigneur reçut ma lettre le 3 Mars suivant et eu la bonté de correspondre à mes vœux par des observations que je reçus le 30 Avril dernier.

J'aurois cru manquer à mon devoir, si je ne les avois pas communiquées à la Compagnie, pour en porter le jugement qu'elles méritent. Elles paroissent décisives par les circonstances sur lesquelles elles sont appuyées. Les Autorités vivantes qui en sont le fondement remplissent avantageusement le défaut de signature qui s'y trouve. Le Seigneur ne veut pas sans doute être connu dans les ouvrages périodiques mais je suis persuadé qu'il ne me blâmera pas d'avoir confié son nom et l'origine de ses observations à l'Académie, qui certainement s'honore dans ses registres du nom d'une illustre et ancienne famille d'Italie, dont un descendant Monsieur l'Abbé Pic de la Mirandole a fixé son séjour à Madrid.

Observation

Traduction des Observations de Mr. L'Abbé Pic
de la Mirandole.

Le désir de satisfaire exactement et avec précision à la question de Mr. de Vaugondy en cause que j'ai différé jusqu'à présent à communiquer les connoissances quel on m'a demandées. J'ai moi-même été obligé de me servir d'autres personnes pour avoir les informations qui fussent sures, et qui ne me laissassent aucun doute. Cette nécessité même soit une nouvelle raison ... quel on en sera dédommagé, puisque je me flatte du bonheur d'avoir réussi dans mes recherches.

Elle nous conduit à une condamnation entière de tout ce que l'on dit du Capitaine Barthelemi de la fuente. La Relation publiée par les Anglois en une pure imagination. toute cette histoire n'est qu'un roman, et voici les raisons qui doivent nous en convaincre entièrement.

En premier lieu les Savans de cette Nation conviennent qu'ils ignorent ce prétendu Succès. Ulloa, George Juan, Solano, Sobenbiella, qui, outre leur érudition, ont pendant toute leur vie eu une liaison continuelle avec les affaires de la Marine et des Indes, sont les premiers a dire la même chose. L'Avocat Rembault le plus grand historien de la Cour et qui est mon ami, m'a assuré que dans toute les histoires

d'Espagne, il ne se trouve pas un mot desdits voyages. Ce silence
général des Auteurs nationaux est incompatible avec un fait
qui n'auroit pas manqué de faire grand bruit, s'il avoit
été reel.

2°. Il faut ajouter à ceci que les Espagnols ont avec une
exactitude assez grande conservé dans les archives du Pérou
la suite de tous les vicerois et les choses principales arrivées
pendant la vie de chacun. On en a publié la liste dans
l'ouvrage qu'Ulloa a mis au jour, et qui a été dernièrement
traduit en Hollande. Un Leyva fut vicerois en 1640.
Cependant on n'a jamais parlé ni écrit quelque chose de son
expédition et du grand dessein de découvrir des communications
avec la Chine. Il faut donc se faire violence pour se
persuader qu'il ait réussi.

3°. L'an 1750 M. Wal ministre de S. M. C. à Londres,
fit la même recherche, que M. Vaugondy fait à présent.
Il s'adressa à un Ministre du Roi, et par ordre de S. M. C.
on chercha en même tems dans l'Archive du Conseil des Indes,
s'il n'y avoit quelque rapport d'un cas pareil, on n'y trouva
rien du tout; on pensa que les mémoires pouvoient avoir été
mis dans l'Archive général du Royaume qui est celui de
Simancas, on y fit toutes les recherches possibles, mais

inutilement... Quand le souverain même ne peut par trouver la moindre preuve d'un point semblable, je crois que le cas est désespéré, et que par conséquent il n'y a rien de vrai de tout ce que l'auteur de la relation dit sur cet article. Le fait que j'avance est courant; j'en suis convaincu par les preuves les plus authentiques, puisque les personnes mêmes qui y ont eu part, et qu'il ne m'est pas permis de nommer me l'ont assuré. Je conclus donc pour moi que ce Voyage au Nord et à l'Ouest de l'Amerique septentrionale n'a jamais eu lieu, et que par conséquent on n'a pu faire aucune découverte par ce moyen supposé. Un ami de Lisbone me fit la semaine passée la même question, je trouvai la chose singulière; je lui fis la même reponse, mais moins etendue.

La Carte de M Delisle n'est pas encore venue en Espagne, que je sache. On en a pourtant eu quelque connoissance, de même que de la susdite question, par les memoires de Trevoux qu'on traduit tous les mois en Espagnol pour la commodité du public. Les Peres de Trevoux parlent d'une maniere douteuse de cette expédition, Ils peuvent, selon moi, apreter la mer hardiment.

Ce que je puis ajouter est que les P.P. Jesuites ont demandé et obtenu du Roi un secours d'hommes et d'argent, pour suivre certaines découvertes, qu'ils ont commencées sur les côtes de la Californie. Nous verrons ce qui en arrivera. Je n'ai rien de plus à dire pour le present./.

Iᵉ Carte du Mém. lû à l'Acad. le 9. Août 1762.
CARTE DES NOUVELLES DÉCOUVERTES
entre la partie Orientᵉ de l'ASIE et l'Occidᵗᵉ de l'AMÉRIQUE
Avec des Vues sur la Grᵈᵉ de Terre reconnue par les Russes en 1741.
et sur la Mer de l'Ouest et autres communications de Mers.
Dressée par Phil. Buache Pʳ Geographe du Roi,
Présentée à l'Acad. des Sciences le 9. Août 1752.
et approuvée dans son Assemblée
du 6. Septembre suivant.
Groenland
Cap Farewel
Détroit de Davis
Baye de Baffin
TERRES ARCTIQUES
TARTARIE
TARTARIE CHINOISE
Loc Baikal
Lena Fl.
Olecma R.
Aldan R.
Amour Fl.
Mer de Kamchatka
Isle de Saghalien
Mer du Japon
I. de Niphon
Isles du Japon
Kamtchatka
Puchochotskes selon Strahlenberg
Presqu'Isle de Tchuchotskoi
PRESQU'ISLE
TERRE habitée ou
Terres reconnues par les Russes
Archipel de St. Lazare
Détroit du Nord
Cercle Polaire
Rio Colorado
Nouveau Mexique
Nouv. de GRENADE
Terre de Labrador
Baye d'Hudson
MER DE L'OUEST
Entrée de Fuca
Cap Blanc
Cap Mendocin
B. de Pitas
Quivira
Teguaio
Missouri R.
Rio del Norte
CALIFORNIE
Nouv. Orleans
Golfe du Mexique
ESPAGNE ou NOUVELLE
PARTIE DU NORD DE LA MER DU SUD
ou DE LA GRANDE MER
Tropique du Cancer
Echelles
Lieues Marines de France. 100. 200. 300.
Lieues Communes de France. 100. 200. 300. 3–5.
Lieues Marines d'Espagne. 100. 200. 300.
Verstes de Russie de 104. au Degré.
Publiée sous le Privilège de l'Acad. des Sciences
PARIS sur le Quay de l'Horloge du Palais

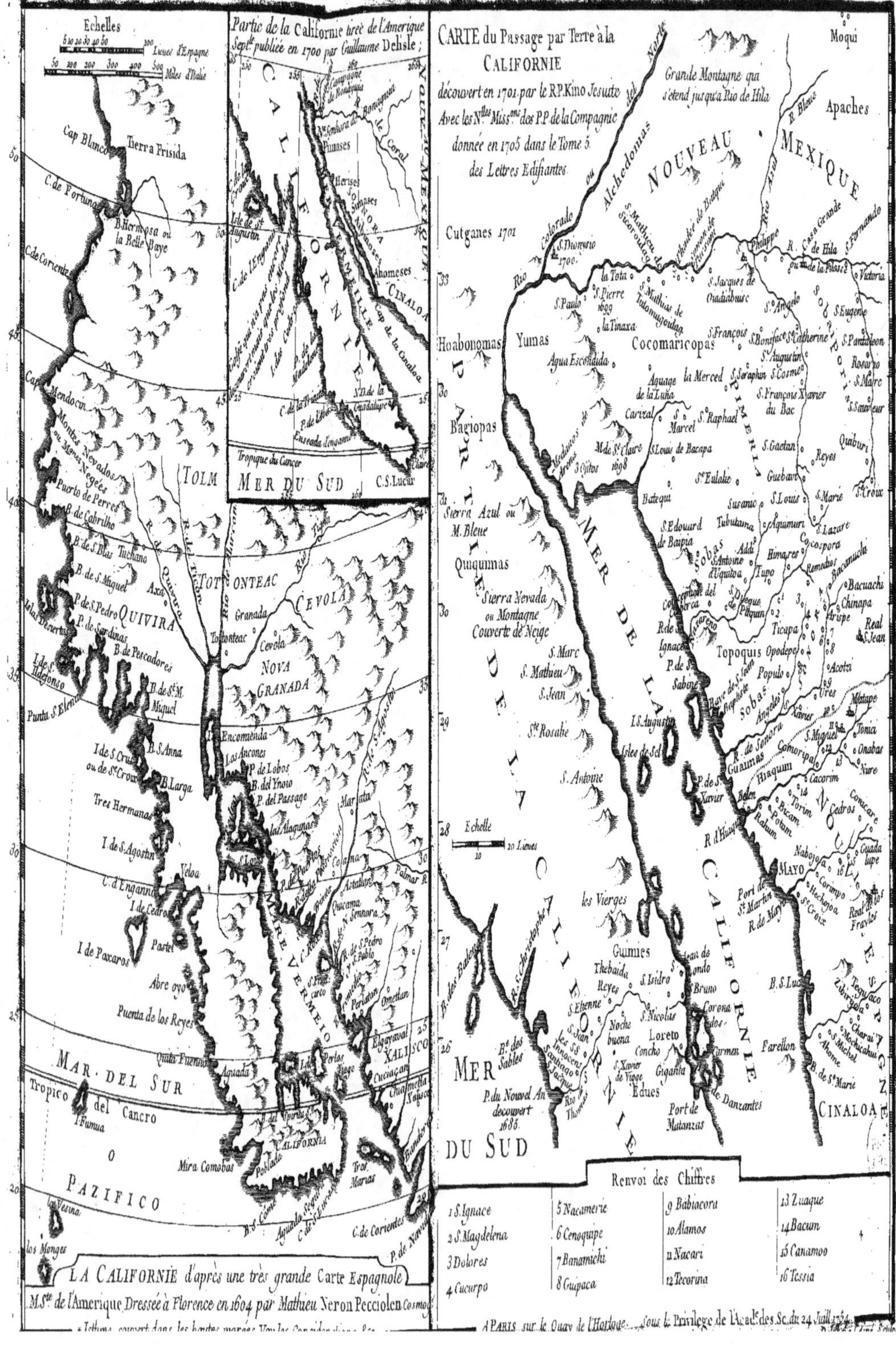

Carte pour la 3.e Partie des Considerations &c.
Echelles
Lieues d'Espagne
Miles d'Italie
Partie de la Californie tirée de l'Amerique
Sept.le publiée en 1700 par Guillaume Delisle
CARTE du Passage par Terre à la
CALIFORNIE
découvert en 1701 par le R.P.Kino Jesuite
Avec les N.elles Miss.ons des P.P. de la Compagnie
donnée en 1705 dans le Tome 5.
des Lettres Edifiantes
Moqui
Grande Montagne qui
s'étend jusqu'à Rio de Hila
Apaches
NOUVEAU MEXIQUE
R. Bleus
Cutganes 1701
Cap Blanco
Tierra Frisida
C. de Fortuna
B.Hermosa ou
la Belle Baye
C. de Corientes
Cocomaricopas
Hoabonogmas
Yumas
Agua Escondida
Bagiopas
Cinaloa
Cap. Mendocin
Montes Nevados
ou Monts Negres
Puerto de Perres
B. de Cabrilho
Sierra Azul ou
M. Bleue
B. de S. Blas
Tuchano
Quiquimas
B. de S. Miguel
Axa
Quivira
P. de S. Pedro
QUIVIRA
P. de Sardinas
Sierra Nevada
ou Montagne
Couverte de Neige
Isla Desierta
CEVOLA
Granada
Tottonteac
Cevola
I. de S.
Ildefonso
B. de Pescadores
NOVA
GRANADA
Punta S. Elena
B. de S. M.
Miguel
MER DE LA CALIFORNIE
Topoquis
I. de S. Cruz
ou de S.te Croix
B. S. Anna
B. Larga
Encomenda
Los Ancones
P. de Lobos
B. del Ynoio
Tres Hermanas
I. de S. Agostin
P. del Passage
Veloa
C. d'Engana
GUAMAS
I. de Cedro
Pastel
I. de Paxaros
Abre oyo
Puenta de los Reyes
MAYO
les Vierges
Quita Fuenno
XALISCO
MAR. DEL SUR
Tropico del Cancro
CALIFORNIE
Gumnes
Thebaida
Reyes
S. Etienne
Nochebuena
S. Nicolas
Loreto
Concho
Carmen
B. S. Lucas
Farellon
I. Fumua
CALIFORNIA
Mira Comobas
Tres Marias
MER DU SUD
P. du Nouvel An
découvert 1685.
Port de
Matanzas
CINALOA
los Monges
PAZIFICO
LA CALIFORNIE d'après une très grande Carte Espagnole
M.te de l'Amerique Dressée à Florence en 1604 par Mathieu Neron Pecciolen
A PARIS sur le Quay de l'Horloge. Sous le Privilege de l'Acad. des Sc. du 24 Juill. 1754.
Renvoi des Chiffres
1 S. Ignace
2 S. Magdelena
3 Dolores
4 Cucurpo
5 Nacamerie
6 Cenoqupe
7 Banamichi
8 Guipaca
9 Babiacora
10 Alamos
11 Nacari
12 Tecorina
13 Zuaque
14 Bacum
15 Canamoo
16 Tessia

NOUVELLES OBSERVATIONS

Concernant les dernieres Connoissances venues de Russie , qui confirment les Vues indiquées dans les Considérations Géographiques . &c. sur le voisinage de l'Amérique & de l'Asie , séparées uniquement par un long Detroit , & sur la grande Presqu'isle supposée ;

Présentées à l'Académie des Sciences , par Ph. B UACHE, le 24. Novembre 1753.

IL y a 200 ans qu'on recherche la liaison de l'Amérique avec l'Asie ; & c'est en effet une des plus importantes questions Géographiques qui ait été agitée depuis qu'on cultive solidement cette Science. Après en avoir été longtems occupé, j'ai osé la traiter de nouveau à l'aide de différens Mémoires Historiques & de quelques Itinéraires, comme ç'a toûjours été l'usage des Géographes d'en agir ainsi, lorsqu'ils n'ont point de Journaux précis ni d'Observations Astronomiques ; & j'ai eû la satisfaction de voir que mon travail n'avoit pas été mal reçu. La connoissance que M. De l'Isle nous a donnée des Navigations des Russes à l'Est de la Sibérie, rapprochée de quantité d'autres choses plus anciennes & de certaines notions de la Physique, m'a semblé devoir jetter du jour sur une matiére qui est aussi intéressante qu'elle étoit obscure.

Je reviens à ce sujet, en profitant de l'examen qui est fait de la grande Carte des nouvelles Découvertes publiée en 1752. dans un Imprimé de Berlin, traduit en François de l'Original Russe, & qui a pour titre : *Lettre d'un Officier de la Marine Russienne à un Seigneur de la Cour* de Russie. Une bonne Critique doit être instructive, & sans personalités. On trouve la première qualité dans la Lettre dont il est question, & j'aurois désiré y voir également la seconde. Mais nous ne devons nous occuper que des faits Géographiques, c'est-à-dire du rapport de l'Asie avec l'Amérique, comme voisines l'une de l'autre,& séparées par un long Détroit dont l'espace le moins large est sous le Cercle Polaire, & qui est en partie formé par une grande Presqu'isle que j'ai supposée au Nord-Ouest de la Californie, dès le 9. Août 1752. en préſentant à l'Académie la grande Carte gravée des Nouvelles Découvertes avec M. De l'Iſle. Voyons ce que la Lettre Ruſſienne avoue ſur cela, ce qu'elle nous apprend de nouveau, & ce qu'elle corrige ou conteſte.

Premiérement, le prochain voiſinage de l'Amérique eſt avoué à l'extrêmité du Détroit ſous le Cercle Polaire. Voici les termes de l'Officier Ruſſe. » Lorſqu'on voulut réduire les Tschukschi, peu-
» ple féroce & opiniâtrement rebelle à nos ordres, le Géodeſiſte
« Gwosdew vint (en 1731.) avec un Vaiſſeau d'Ochozk juſqu'à
» Serze - Kamen (qui eſt la Pointe la plus Orientale) ſans
» deſſein de faire de nouvelles Découvertes. Il fut jetté par les
» vents ſur la Côte d'Amérique qui eſt vis-à-vis & fort voiſine des
» Tschukschi. Ce voyage a confirmé ce qu'on ne ſçavoit auparavant que ſur le récit de ce Peuple, que le grand Continent de l'A-
» mérique s'étend juſques dans leur voiſinage. Ainſi (ajoute l'Of-
» ficier Ruſſe) la conjecture que M. De l'Iſle attribue à M. Buache
» (pag. 11. de ſon Mémoire) ſçavoir qu'au Nord, l'Aſie doit être
» liée à l'Amérique par une ſuite de Montagnes & de Mers de peu
» de profondeur, cette conjecture ſe trouve fondée. »

Mais ceci n'eſt pas la ſeule confirmation de mes Vues. L'Officier de la Marine Ruſſienne, qui aſſure avoir été chargé de comparer les Journaux des divers Vaiſſeaux & avoir eû part lui-même aux Nouvelles Découvertes, avance encore ſans héſiter, que » les Ter-
» res de l'Aſie & de l'Amérique ne ſont ſéparées au Nord que par
» un petit Détroit, qui s'élargit à meſure que l'on s'avance du côté
» du Midi. » Il avoue auſſi, qu'il n'y a rien de plus vrai (c'eſt ſon ex-
» preſſion) que les Indices d'une Terre voiſine à l'Orient du Kamt-
» schatka, tels que M. De l'Iſle dit les avoir appris du Capitaine
» Beering ; (& il ajoute) qu'on y a fait peu d'attention. „L'Ecrit de mes *Conſidérations* prouve que j'ai fait ſur cela l'attention convenable, puiſque j'ai appuyé le récit du Capitaine Beering, autant qu'il m'étoit poſſible, & que je m'en ſuis ſervi pour établir l'idée que j'avois d'un long Détroit & d'une Preſqu'iſle à l'Eſt.

La partie Méridionale de cette même Preſqu'iſle du Continent de l'Amérique, eſt auſſi confirmée par ce que la Lettre Ruſſienne nous apprend de nouveau au ſujet de l'Expédition des deux Vaiſ-ſeaux qui étoient commandés en 1741. par MM. Beering & Tschi-ricow. Comme je joins à ce Mémoire la Relation circonſtanciée de cette Expédition, donnée par l'Auteur de la Lettre qui y étoit employé ; je me contenterai ici de tranſcrire l'application qu'il en fait à la grande Carte des Nouvelles Découvertes, & la correction qu'il juge à propos d'y faire & que j'ai prévenue par mes Conjectures fur la Prefqu'ifle en queftion. Ce n'eft pas affez de „ marquer, dit-il, entre le 235. & 240. de Longitude un bout de Côtes „ dû à nos Découvertes. Il faut continuer de tracer les Côtes vers „ le Nord-Oueft & l'Oueft bien au de-là, pour les faire approcher „ de la Terre vûe fous le 51. degré ; & il s'en faut peu que toute „ cette étendue n'ait été reconnue par l'un ou l'autre de nos deux „ Vaiffeaux. „

Ces expreffions achevent de confirmer mes Vues fur la grande Prefqu'ifle Occidentale de l'Amérique Septentrionale, & font voir ce qu'on a lieu d'efperer de la méthode que j'ai employée, en réuniffant nombre de Témoignages & d'Indices pour découvrir ce qui étoit en queftion.

Le récit détaillé que nous donne la Lettre Ruffienne, nous apprend, que les Capitaines Beering & Tschirikow ont atteint chacun l'Amérique, mais en différens lieux, & fans avoir connoiffance l'un de l'autre : que le premier s'eft avancé jufqu'à 500. lieues de Hollande loin d'Avatscha ; que pour y retourner de l'Amérique, il n'avoit qu'à fuivre les Côtes à l'Oueft : que partour on a eû des Indices d'Habitans, qu'il en eft venu même vers les Vaiffeaux avec des Canots de cuir & des Calumets ; & que M. de la Croyere qui étoit fur le Vaiffeau de M. Tschirikow, reconnut les Américains qui fe montrerent, pour affez femblables aux Habitans du Canada où il a été plufieurs années.

L'Officier Ruffe nous affure que la Côte vue au 51. degré eft *quatre fois trop longue* dans la grande Carte, ce qui n'a fon application qu'entant qu'on la confidere comme vue ; & il nous apprend de plus qu'elle l'a été non-feulement par M. Tschirikow, mais encore par M. Beering lors de fon retour au Kamtchatka. Il corrige enfuite la pofition de l'Ifle où ce fameux Capitaine échoua & mourut, affurant qu'elle eft à 56. de longitude & non à 54. ce qu'il conclut d'une Obfervation qui fut faite le 4. Novembre 1741 vieux ftile, la veille du naufrage. C'eft une *correction* qu'il donne, en ajoutant que la diftance de cette Ifle eft de 60. milles de Hollande du Port d'Avatcha & de 40. milles de l'embouchure de la Riviere de Kamtchatka, où il nous apprend de plus qu'il n'y a point de Port.

Une chofe qu'il contefte & fur laquelle je crois devoir faire quelques obfervations, quoique ceci n'intéreffe point la liaifon de l'Afie avec l'Amériqué, c'eft l'exiftence de cette grande Terre(*Bol-fchaia Zemla* comme l'appellent les Ruffes) au Nord de l'embouchure de la Kolima ou Kowima , & que j'ai foupçonné être la grande Ifle dont a parlé le P. Avril. On fe plaint de ce que nous n'avons point indiqué par qui, ni comment elle a été découverte, & l'on dit que nous n'en avons fait apparemment mention que d'après les Remarques fur les Gazettes de Petersbourg, enfin que l'on n'étoit point autorifé à lui affigner une latitude. Ce qu'il me convient de répondre à moi en particulier, c'eft que cette Latitude a été eftimée fur la diftance de 48. heures que j'ai dit dans mes *Confidérations* (p. 12.) qu'il y avoit de la Côte de Sibérie à cette grande Terre ; & je l'ai dit d'après une note de M. Kirilow Secrétaire du Senat de Ruffie , dont M. De l'Ifle m'a fait part , lorfque je dreffai en 1750. la grande Carte publiée en 1752. Cette note nous apprend encore que le Prince de la petite Ifle des Chelagi ou Chelahi qui eft au milieu du chemin, a été fait prifonnier par les Ruffes, & que fon nom étoit Kopoi. Enfin j'ai vû fur la Copie d'une Carte de la Sibérie Orientale dreffée par Cheftakow de Yakoutsk, que cette grande Terre a été découverte en 1723. par le Prince Chelachi.

La Lettre Ruffienne infinue encore que la Terre de Gama & l'Ifle d'Iefo n'exiftent point , par la raifon que dans l'Expédition de 1741. on n'a point trouvé la premiére, & que par rapport à la feconde, elle contredit, dit - on, les Connoiffances qui viennent d'un auffi habile Navigateur que M. Spangenberg, qui dans une Expédition faite exprès en 1738. & 1739. découvrit cette longue fuite d'Ifles qui font marquées dans la derniere feuille de l'Atlas Ruffien, depuis la Pointe du Kamtchatka jufqu'au Japon , où il aborda en deux endroits , fans qu'il allât jamais, nous dit-on, jufqu'à Matsmai. Mais je traiterai de l'exiftence de ces deux Terres dans un Mémoire particulier qui doit faire, comme je l'ai promis, un Article de la Suite de mes *Confidérations*. J'efpere y faire voir à l'Officier de la Marine Ruffienne, que comme il défire que nous ayons les égards convenables pour M. Spangenberg, il en doit également avoir pour les Hollandois du Vaiffeau le Caftricom qui étoient certainement auffi d'habiles Navigateurs ; & je ne dirai pas avec lui qu'il faille préferer l'un à l'autre , mais j'effaierai de les concilier & de faire voir que ce n'eft pas encore fans raifon que les Cartes Japonnoifes, Chinoifes & Portugaifes ont marquées les Terres de Gama & d'Iefo.

J'ai trop d'obligation à cet Officier de ce qu'il a confirmé mes Vues fur ce qui eft comme le fondement du Syftême Géographique que j'ai propofé au fujet des Terres qui font au Nord de la Grande Mer, pour relever article par article les difficultés qu'il a jugé à propos de faire fur la Relation de l'Amiral de Fonte. Il n'infirme en rien la maniere dont je l'ai préfentée ; & après fes aveux je me crois encore plus fort que je n'étois, lorfque j'ai fait voir l'accord que cette Relation avoit en général avec tout ce qu'on connoiffoit d'ailleurs, furtout avec les Découvertes des Ruffes; & c'eft ce qu'il ne pouvoit ni prévoir ni contredire. Je finis en obfervant que comme cet Auteur défireroit qu'on donnât à ces *vaftes Rézions* à l'Eft de la Sibérie, *qui ne font*, dit-il, *affujetties à aucune Puiffance*, le nom de *Nouvelle Ruffie*, il fe pourroit bien faire que le parti qu'il prend de *s'infcrire en faux* contre la Relation de l'Amiral Efpagnol, feroit un effet de la Politique Ruffienne.

Relation tirée de la Lettre de l'Officier de la Marine Ruffienne.

MONSIEUR le Capitaine Commandeur Beering, & Mrs. les Capitaines Spangenberg & Tschirikow, avec plufieurs autres Officiers de Marine, partirent de S. Peterbourg au Printems de 1733. Ils attendirent à YAKOUZK & OCHOZK (ou OKHOTA) jufqu'à ce qu'on eut achevé les Vaiffeaux qu'on bâtiffoit en ce dernier lieu pour leur Expédition ; & lorfque tout fut prêt pour le départ de M. Spangenberg, il fut dépêché le premier, comme le portoient les Ordres du Sénat. Il partit donc d'Ochozk au mois de Juin avec trois Vaiffeaux fous fon commandement, auxquels il joignit une grande Chaloupe couverte & de 24. rames, qu'il fit conftruire à Bolscherezkoi Oftrog en Kamtschatka, où il hiverna. Cette Chaloupe devoit fervir à entrer dans les petits Détroits entre les Ifles qu'on trouveroit, & où les Vaiffeaux ne pourroient paffer : en Eté 1739. il alla au Japon. Cette longue fuite d'Ifles, fituées entre le Japon & Kamtschatka, lui fervit de guide. Il prit terre en deux endroits du Japon, & fut reçu fort civilement des gens du Pays : mais jamais il n'alla à Matsmai. Il crut fans cela avoir fatisfait à fon Inftruction, s'en retourna à Ochozk, & paffa l'hyver à YAKOUZK. Dès qu'on eut vû à S. Petersbourg une Relation plus détaillée de ce voyage, on foupçonna par la route que M. Spangenberg avoit tenue, qu'il pouvoit avoir été près des Côtes de la Corée : on lui ordonna de faire un second Voyage , en confirmation. Il l'entreprit en 1741. & 1742 ; mais son Vaisseau bâti à la hâte , avec du bois qui n'étoit pas sec, fit eau, & l'obligea au retour.

Messieurs Beering & Tschirikow partirent d'Ochozk le quatre Septembre 1740. (*Vieux Stile.*) Ils avoient tous deux le même but ; le second devoit suivre la banderole du premier ; & ils ne montoient chacun son Vaisseau , qu'afin de pouvoir plus sûrement se secourir l'un l'autre en cas d'accident. Sans entrer dans la Riviere de Bolschaia-Reka , comme on a coûtume de faire en venant d'Ochozk , tout de suite ils doublerent la Pointe Méridionale du Kamtschatka , & relâcherent au Port d'Avatscha , ou Port S. Pierre & S. Paul : c'est ainsi qu'ils le nommerent. Pendant qu'ils hivernoient en ces quartiers, ils préparoient tout pour commencer dans la belle Saison le Voyage principal , qui avoit l'Amérique pour objet. Dans l'incertitude néanmoins de la route qu'on devoit tenir , M. Beering fit assembler un Conseil de Marine ; c'étoit le 4. Mai 1741. Il y fut résolu de tâcher d'abord de découvrir la Terre de Don Juan de Gama : funeste résolution , la cause de tous nos désastres.

Ce fut le 4. Juin de la même année , que nous mîmes en Mer. M. Beering portoit sur son Vaisseau de la part de l'Académie , un Adjoint, M. Steller , Médecin de Profession , versé surtout dans les différentes parties de l'histoire naturelle ; M. de la Croyére étoit avec M. Tschirikow. Quoique M. Beering & M. Tschirikow ne dussent pas se quitter suivant leurs Instructions, ils ne purent cependant l'éviter. Huit jours après l'embarquement, des tempêtes & des brouillards les séparerent. La recherche de la prétendue Terre de Gama leur avoit d'abord fait porter au Sud-Est ; ils continuerent dans cette direction jusqu'au 46. degré, sans en trouver aucun vestige. Ils se dirigerent ensuite au Nord-Est ; & chacun atteignit les Côtes d'Amérique , mais en différents lieux & sans avoir connoissance l'un de l'autre.

M. Beering & nous qui l'accompagnions, nous découvrîmes pour la premiére fois la terre après six semaines de Navigation ; & alors nous comptâmes être éloignés d'Avatscha de 500. lieues de Hollande. On se pourvût d'eau fraîche. On eut des indices d'Habitans, mais on ne pût voir personne. Après trois jours de mouillage, M. Beering consulta avec ses Officiers , & l'on conclut au retour. Dès le 21. Juillet, avant le lever du Soleil, on leva l'ancre. On n'avoit qu'à suivre la Côte, qui s'étendoit vers l'Ouest, mais de fréquentes Isles embarassoient la Navigation ; & quand on vouloit tenir la Mer, on essuyoit des tempêtes & des vents contraires, qui causoient tous les jours de nouveaux retardemens.

Cependant, pour prendre encore de l'eau fraîche, nous regagnâmes les Côtes, desquelles nous nous tenions écartés tant que nous pouvions : bientôt elles parurent, en étant à la distance de 10. milles. On jetta l'ancre entre des Isles ; & celle où nous fîmes aiguade, fut appellée Schoumagin - Ostrow. L'eau en paroissoit bonne, quoique prise d'un Lac ; il y avoit néantmoins parmi de l'eau de mer, que le flux qui inondoit quelquefois cette Isle, y avoit apportée. Dans la suite on en a senti de funestes effets, des maladies, & la perte de plusieurs de nos gens qui en moururent. Pendant trois ou quatre jours on tâcha envain de découvrir quelques-uns des Naturels du Pays, dont on voyoit durant la nuit les feux allumés sur la Côte.

Le 4. Septembre, ces Sauvages vinrent eux-mêmes dans de petits Canots, & nous ayant annoncé leur arrivée par un grand cri, ils nous présenterent en signe de paix leurs Calumets, c'est-à-dire des bâtons au bout desquels il y avoit attachées des aîles de faucon. Nous comprîmes par leurs gestes, qu'ils nous invitoient à terre, pour nous fournir de vivres & d'eau fraîche. On voulut en profiter & quelques-uns de nous se hazarderent à les suivre ; mais bientôt la mesintelligence s'en mêla, & l'on rompit tout commerce.

Le 6. Septembre, ayant d'abord poursuivi le voyage avec un assez bon vent, nous sentîmes qu'à mesure que nous faisions chemin, les obstacles augmentoient : partout il n'y avoit que des Côtes & des Isles. M. Beering voulut leur échapper en tirant plus au Sud ; & effectivement pendant quelques jours la Mer nous parut libre, mais la joye que nous en conçûmes fut courte. Le 24. Septembre, sous la hauteur de 51. degrés, se présenterent encore des Côtes bordées de quantité d'Isles ; & en même-tems s'éleva une furieuse tempête qui dura 17. jours, & nous repoussa 80. milles en arriere. Un vieux Pilote avouoit, que depuis 50. ans qu'il servoit sur Mer, il n'en avoit jamais vû de pareille. Qu'on cesse donc d'appeller cette Mer *Pacifique* ; peut-être ce nom lui convient-il entre les Tropiques ; mais on a tort de l'étendre jusqu'ici.

Le tems s'appaisa, mais les provisions de bouche se trouverent considérablement diminuées, & il ne resta plus que la troisiéme partie de l'équipage qui fut fortie faine & fauve de tous les maux qu'on venoit d'endurer. Il y avoit encore à faire la moitié du chemin, à compter depuis l'extrémité de notre Voyage en Orient jufqu'au Port d'Avatscha. Tout cela faifoit, que plufieurs d'entre nous étoient d'avis d'hiverner quelque part en Amérique, plûtôt que de s'expofer à de nouveaux malheurs pires que les premiers. Cet avis faillit l'emporter fur celui de ceux qui penferent qu'on devoit faire un dernier effort pour regagner le Port d'Avatscha, & qu'il feroit tems de fonger à fe retirer ailleurs, lorfqu'on auroit entiérement perdu l'efperance de ce côté-là.

Cependant le mois d'Octobre s'écouloit auffi infructueufement que les précedents. Le 30. de ce mois nous rencontrâmes deux Ifles, qui nous parurent reffembler aux deux premiéres de celles qui depuis la Pointe méridionale du Kamtfchatka s'étendent jufques au Japon. Là deffus nous tirâmes vers le Nord; & le 4. Novembre ayant pris hauteur, nous trouvâmes que nous étions fous le 56. degré. Enfin le 5. finit notre Navigation. Voulant aller à l'Oueft, nous donnâmes fur une Ifle déferte, où nous eûmes la perfpective de finir nos jours. Notre Vaiffeau fe brifa fur un des bancs, dont cette Ifle eft entourée. Nous ne laiffâmes pas de nous fauver à terre affez heureufement, avec tout ce dont nous crûmes avoir befoin; & par un bienfait marqué de la Providence, les vents & les vagues jetterent encore après nous fur le rivage, les débris de notre Vaiffeau, que nous raffemblâmes pour nous mettre en état avec l'aide de Dieu de quitter cette trifte demeure.

L'Ifle où nous étions eft fans arbres. Nous étions obligés de nous bâtir des Cabanes, & de nous chauffer, avec le bois que la Mer apportoit d'ailleurs. C'eft à ce defert que d'après le Chef de notre Expédition, nous donnâmes le nom d'Ifle de Beering. Ce fut là auffi qu'il mourut le 8. Décembre, confumé par la trifteffe & la douleur de ne plus efperer de retour au Kamtfchatka. Il refufa de manger & de boire, & dédaigna de fe faire tranfporter dans une de nos Cabanes: fa vieilleffe ne put foutenir une pareille cataftrophe.

Pour nous autres jeunes gens, nous prîmes courage: nous refiftâmes avec fermeté, & nous mîmes en devoir de jouir encore de la vie, & de tirer tout le parti poffible de notre prifon. Avant nous l'Ifle de Beering n'avoit été que la retraite des Bêtes marines qui y viennent refpirer l'air, s'accoupler & faire leurs petits. Nous pouvions dans les commencemens confidérer ces animaux de fort

près, fans qu'ils priffent l'épouvante. Ce ne fut qu'après en avoir
vû tomber plufieurs d'entre eux à nos coups de fufil, qu'ils s'enfui-
rent à notre approche. Nous en tuâmes un grand nombre, tant
pour notre nourriture, que pour leurs peaux ; & ce fut par cette
précieufe dépouille, que de magnifiques Caftors nous dédomma-
gerent en quelque maniere de nos fouffrances.

A l'approche du Printems de l'année fuivante (1741.) des débris de notre Vaiffeau nous bâtîmes, comme nous nous l'étions
propofé, une grande Chaloupe couverte, fournie d'ancres & de
voiles, en état de foutenir la Mer, s'il ne furvenoit point d'orages.
Dans cette Chaloupe nous nous confiâmes à la Mer & à la Providence, le 17. Août 1742. Après 9. jours de Navigation fort beaux
& fort calmes, nous arrivâmes heureufement le 26. au Port d'Avatf-
cha ; rendant graces au Tout-puiffant, qui nous avoit fecouru en
de fi preffans périls, & pénétrés d'une reconnoiffance que le tems
n'effacera pas.

La Navigation de M. Tschirikow, quoique fatiguée de moins
de travaux de mer & de dangers, n'a pas été moins dure
pour lui. Son cœur compâtiffant, que la profeffion de Marinier
n'avoit pû rendre infenfible, l'a bien fait fouffrir. Après s'être fé-
paré de M. Beering, tirant au Nord-Eft, il vint le 15. Juillet à la
vûe d'une Terre, dont le rivage étoit défendu par des rochers ef-
carpés, au pied defquels fe rompoit une Mer profonde. Par pru-
dence il fe tint un peu éloigné, & au bout de trois jours il envoya
le Pilote Abraham Dementiew avec dix hommes d'équipage
pour reconnoître le Pays. Dementiew ne revint pas, ni perfonne
de ceux qu'on lui avoit joint. Cet homme mérita nos larmes ; il
étoit d'une famille recommandable, jeune, bienfait, vertueux,
expert, s'il en fut dans fon art, & zélé pour fa patrie. Six jours
après, M. Tschirikow envoya encore le Botfman-Sidor-Sawelew
avec trois hommes, qui ne revinrent pas plus que les premiers.

Tout le tems que nous attendîmes nos gens, nous vîmes conftam-
ment une fumée fur le rivage. Le lendemain, après que le Botf-
man fut parti, deux hommes, dans deux différents Canots, vinrent de l'endroit où Dementiew & Sawelew étoient abordés ; &
quand ils fe furent affez approchés pour fe faire entendre, ils fe
mirent à crier *agai*, *agai* ; puis ils s'en retournerent. M. Tschirikow
ne fçut qu'en penfer. Defefperant de revoir les fiens, & n'ayant
plus de Batteaux de refte pour envoyer à terre ; il fe refolut le 27.
Juillet à quitter ce lieu, & à ranger la terre autant qu'il feroit poffible, puis s'en retourner à Kamtfchatka.

Durant l'efpace de 100. milles, il ne perdit pas la terre de vûe.
Il lutta fouvent contre les vents contraires, & fut inquietté par
les brouillards. Il perdit l'ancre qu'il avoit jettée dans un preffant
danger à peu de diftance des Côtes. Il eut l'apparition de 21. Canots de cuir, chacun avec un homme, mais ce fut tout ; il ne pût
lier aucune converfation. Le manque d'eau fraîche & le Scorbut
lui tuerent beaucoup de monde. Entre les Officiers il perdit deux
Lieutenans, Lichatschew & Plautin, braves gens & fort bons ma-
riniers, qui, s'ils avoient vêcu, auroient pû rendre de grands fer-
vices. M. Tschirikow lui-même, dès le 20. Septembre, commen-
ça à avoir des fymptômes de maladie, mais la diette & l'air de terre le rétablirent. M. de la Croyere n'eut pas le même bonheur.

Nota. L'Officier Ruffe qui nous donne cette Relation, avoue
ce que M. De l'Ifle a dit du terme de la Navigation de M. Tschirikow, & de l'eftime qui a été faite par rapport à la longitude
de 235. à 240. Il ne contredit point non plus ce que M. De l'Ifle
remarque fur la Côte vûe par M. Tschirikow à la latitude de 51.
fe contentant d'ajouter qu'elle a été auffi vue par M. Beering.
Ainfi en conféquence de cette Relation & de la conclufion que
l'Auteur en a tirée, comme on le vient de voir dans mes nouvelles
Obfervations, il paroît qu'il faut réformer une partie de la Route du retour du Capitaine Tschirikow, qui n'a été marquée
qu'en points fur la grande Carte des Nouvelles Découvertes publiée en 1752. parce qu'on n'en avoit pas une connoiffance af-
furée. Au refte, fi M. Krafilnikow qui étoit Lieutenant de M. Beering, eft tel qu'on nous le repréfente dans la Lettre Ruffienne,
c'eft-à-dire habile Aftronome, on a lieu d'efperer beaucoup de
lui en cas qu'il foit employé dans les travaux Géographiques
que la Ruffie nous promet.

EXTRAIT DES REGISTRES

De l'Académie Royale des Sciences.

Du premier Décembre 1753.

NOUS Commissaires nommés par l'Académie avons examiné un Mémoire de M. Buache qui contient des détails très-intéressans sur les Terres nouvellement découvertes par les Russes au Nord-Ouest de l'Amérique, avec des réflexions sur ce qui concerne d'autres Terres au Nord du Japon : Terres dont M. Buache assure l'existence & la position. Elles avoient été connues jusqu'ici sous le nom de Terres de *Gama* & d'*Yeço*, quoique les Russes n'en aient point apperçues en 1738. & 1741. M. Buache promet un nouvel Ecrit sur ce dernier article, qui servira de supplément & de suite à l'Ouvrage qu'il vient de publier en dernier lieu sous le titre de *Considérations Géographiques*, &c. C'est pourquoi nous n'y insisterons pas d'avantage.

Mais pour revenir à la premiere & principale partie de son Mémoire, nous avons remarqué que les nouveaux Eclaircissemens qu'on a reçus de la Russie, confirment le Plan que M. Buache avoit suivi jusqu'ici dans ses Recherches Géographiques, comme cela se voit par la comparaison des deux Cartes générales, & surtout dans la derniere qu'il a présentée à l'Académie le 9. Août 1752. Voici en peu de mots, en quoi consistent les nouvelles Terres au Nord-Ouest de l'Amérique, que l'on trouve dans cette Carte, comme Autentiques.

On y trouve 1°. vis-à-vis la Pointe la plus avancée de l'Asie, une Mer étroite ou Détroit dont la Côte opposée a été prolongée par M. Buache au Nord-Est, en supposant qu'elle appartient au Continent de l'Amérique. Cela vient d'être confirmé par une Lettre que vient de publier un Officier de la Marine de Russie, & qui ayant eu part aux nouvelles Découvertes, paroît instruit de tout ce qui s'est fait par ceux qui furent chargés en 1728. & 1731. de quelques Expéditions Maritimes & militaires qui leur ont donné lieu de reconnoître le gissement de cette Côte.

2°. La Presqu'Isle située vis-à-vis le Kamtschatka qui se trouve uniquement dans la Carte de M. Buache, est conforme à la Relation, & s'y trouve encore confirmée. C'est cette Presqu'Isle dont la Côte Méridionale s'étend jusqu'aux Terres (ou peut-être à des Isles) situées au Nord-Ouest de l'Amérique, là où les deux Vaisseaux Russes qui s'étoient séparés, abordcrent en 1741. & cela à très-peu de distance l'un de l'autre ; sçavoir après avoir navigué près de 60. degrés en longitude à l'Est du Kamtschatka. L'Officier Russe nous apprend effectivement qu'au retour de l'Amérique il se trouvoit chaque jour à la vûe de Côtes escarpées qui l'obligeoient continuellement de porter au Sud pour les éviter. Au reste tout ce qu'il y a de curieux dans la Relation de l'Officier Russe, & que l'on avoit ignoré jusqu'ici sur la Navigation faite en dernier lieu par le Capitaine Beering sous lequel il servoit, se trouve rapporté par M. Buache. Ce Capitaine après plus de six mois de longs travaux, & une des plus rudes Navigations, traversée (sur tout à son retour) par une longue tempête, vint échouer à la fin sur une Isle déserte à 56. degrés de latitude Boréale, & à 9. jours seulement de Navigation du Port d'Avatscha, où son Equipage arriva le 5. Novembre 1741.

A cette occasion M. Buache réforme la Route du Retour de l'autre Vaisseau commandé par le Capitaine Tschirikow , & où se trouvoit M. de la Croyere. Car comme nous n'avions point vû jusqu'ici le Journal de Navigation de M. Tschirikow , & qu'à l'Académie on n'en connoissoit aucuns détails, on ne peut qu'applaudir au travail de M. Buache , qui a adopté ici ceux que fournit dans sa Relation l'Officier Russien. Il en doit être de même de la Route de Beering.

En général l'Extrait de cette Relation que donne M. Buache à la suite de son Mémoire , contient quantité de faits intéressans ; & nous ne doutons pas qu'il n'en fasse usage dans une autre Edition de la premiére Carte générale de 1752. Il y a d'ailleurs bien des choses à y changer d'après les Recherches Géographiques de M. Buache , & d'après cette Relation. Nous jugeons l'Ouvrage fort utile au progrès de la Géographie & digne de l'impression. *Signé* BOUGUER , LE MONNIER.

Je certifie le présent Extrait conforme à l'Original , & au Jugement de la Compagnie. A Paris, ce 5. Décembre 1753. GRANDJEAN DE FOUCHY ,

Secret. perpet. de l'Acad. Royale des Sciences.

TROISIE'ME ET DERNIERE PARTIE

DES

CONSIDERATIONS

GÉOGRAPHIQUES ET PHISYQUES

Sur les Nouvelles Découvertes au Nord de la Grande Mer, vulgairement appellée la Mer du Sud.

APRÈS les Obfervations fur les nouvelles Connoiffances Pag. 51. & fuiv. venues de Ruffie que j'ai publiées au mois de Décembre dernier, je crois pouvoir dire qu'il ne doit plus refter de difficulté fur la queftion, *fi l'Amérique eft voifine de l'Afie*; & nous pouvons efpérer d'avoir par le moyen des Ruffes, & peut-être des Anglois les détails que l'on defire à ce fujet *. Nos Anciens ou les premiers Géographes Modernes n'avoient donc pas imaginé ce voifinage fans fondement, comme on les en a accufés, puifque les Nouvelles Découvertes confirment ce que l'on croyoit il y a près de 200 ans en Europe, ainfi qu'au Japon. Il faut qu'il y ait eû alors quelques Navigateurs, qui ayent reconnu à une certaine diftance les Terres qui font depuis la Californie jufqu'au Détroit auquel on donna le nom d'Anian.

Auffi lifons-nous, entr'autres dans Wytfliet, qui écrivoit en 1598 » que l'Amérique feptentrionale touche prefque l'Afie par » fon extrémité occidentale, (& que) du cap d'Enganno ou de » Déception (qui eft à 30 degrés de Lat. Septentrionale fur la » côté Occidentale de Californie) quelques-uns ont cru qu'on » pouvoit aller par terre aux régions de Sina & Tartarie ; mais » l'expérience, ajoute-t'il, *a montré le contraire.*

Au commencem. du Liv II. & pag. 123. Art. Californie.

---

* Depuis ce que j'ai obfervé ci-devant (pp. 12 & 52) fur la largeur du Détroit vers le Nord, il a paru un Ouvrage Anglois, où l'on remarque que felon de nouvelles Obfervations ce Détroit a 24 lieues de large. *Remarques de M. Green fur fes Cartes de l'Amérique* pag. 25.

H

Pour remplir le Plan que je me fuis formé, il me refte à faire quelques Obfervations Géographiques fur la Californie & les deux Iefo *, en conciliant ce que les plus nouvelles Relations nous en apprennent, avec les différens fentimens que l'on a eû par rapport à ces Pays. On continuera ainfi à voir le progrès & les variétés de la Géographie fur une portion auffi confidérable du Globe Terreftre, que celle qui fe trouve entre la Tartarie Orientale & la Californie, c'eft-à-dire entre le 156 dégré de Longitude & le 265. Nos Anciens feront encore juftifiés fur plufieurs Articles importans, & je tacheray de diffiper les préjugés & les incertitudes, qui ont fait également fuppofer des Terres ou des Mers entre les parties connues de l'Afie & de l'Amérique.

Enfin je terminerai cet Ecrit par quelques Obfervations Phyfiques fur toutes les Nouvelles Découveres dont j'ai fait mention.

ARTICLE I.

Obfervations Géographiques fur la Californie.

IL eft étonnant qu'on ait encore fi peu de connoiffance de ce Pays, quoique dès le tems des premiéres Découvertes de l'Amérique Fernand Cortés, Conquérant du Mexique, y ait fait lui-même un Voyage en 1535; & que depuis les Efpagnols y en ont fait plufieurs autres, qui n'ont abouti qu'à en reconnoître les Côtes (auxquelles ils ont donné des Noms avec beaucoup de diverfité) & à faire feulement au Sud quelques Etabliffemens. Ils femblent avoir négligé l'entiére découverte de ce Pays, qu'ils jugerent dès 1584 être *très bon* & fort habité. Et ils fe font uniquement occupés à traverfer la Mer du Sud pour leur commerce des Indes. Cependant il paroît que quelques Vaiffeaux, au moins dans les commencemens, ont pouffé au Nord, & ont reconnu la fuite des Côtes du Nord-Oueft de l'Amérique jufqu'au Détroit: c'eft de quoi je vais donner une nouvelle preuve.

---

* C'eft-à-dire l'Ifle de Iefo, & l'Oku-Iefo des Japonnois qui eft le Nord-Eft de l'Afie.

§ I.

Idée qu'on s'est d'abord formée de la Californie, comme d'un Pays très-considérable qui avoisinoit l'Asie.

Laet, avant que de dire qu'on nomme *proprement* Californie la Presqu'Isle connue aujourd'hui incontestablement sous ce nom, & que l'on a cru long-tems être une Isle, fait une Remarque qui me semble propre à découvrir les premieres connoissances qu'on a eû du Nord-Ouest de l'Amérique Septentrionale. » On » appelle, dit-il, communément Californie, tout ce qu'il y a de » Terre au devant de la Nouvelle Espagne & Galice vers l'Ouest, » qui est certes de fort grande étendue, & attouche les dernieres » fins de l'Amérique Septentrionale & le Détroit d'Anian. ... Ce » sont des régions fort amples & connues légérement en leur plus » petite partie & seulement auprès du rivage. »

Laet parloit ainsi en 1633 dans son Histoire des Indes Occidentales, qu'il fit avec tant de soin sur quantité de Relations Originales ; & l'on vient de voir ce que Wytfliet remarquoit sur le même sujet en 1598.

Cent ans après les Espagnols eux-mêmes disoient dans leur Relation de 1683 (qui se trouve dans le Tome III des Voyages au Nord *, où il est question d'un Etablissement qu'ils firent alors au Sud de la Californie,) que *selon tel anciennes Relations* elle est *longue de 1700 lieues.* La même remarque se trouve positivement sur plusieurs Cartes depuis 1620, entr'autres sur l'Amérique de Janssonius, dont je parlerai dans la suite. Le sçavant P. Riccioli en 1661, citoit d'autres Relations, qui n'ayant point apparemment égard à la sinuosité des Côtes & aux différentes Bayes, » faisoient la Californie longue de 1200 lieues ou d'environ 60 » degrés de longitude, depuis le Cap S. Lucas jusqu'à celui des » Courants ou de Mendocin ∝. Ce dernier Cap étoit différent de celui que nous connoissons aujourd'hui sous ce même nom, & qui n'est qu'à 14 degrés environ du Cap S. Lucas ; mais l'autre devoit être peu éloigné du Port où les Russes commandés par

Hist. des Ind. Occid. Liv. VI. Cap. XI.

Géograph. ref. Præf. p. 3.

---

* Elle fut d'abord publiée à Paris en 1685 avec deux Voyages de l'Empereur de la Chine dans la Tartarie.

H ij

M. Tfchirikow ont abordé en 1741. puifqu'on mettoit ce Cap vers l'entrée du Détroit que l'on croyoit féparer l'Amérique de l'Afie.

Ci-devant p. 47. J'ai déjà obfervé, à la fin de ma II Partie, la reffemblance qui fe trouve entre le Nord-Oueft de l'Amérique Septentrionale, tel qu'il eft repréfenté dans la Carte Japonnoife, & ce que nous en connoiffons aujourd'hui, furtout depuis les Obfervations des Ruffes au fujet du voifinage des deux Continens. Mais ce que je viens de rapporter de l'idée que les anciennes Relations nous donnoient de la Californie comme s'étendant jufques près de l'Afie, m'engage à faire encore remarquer que la longueur que l'on donnoit alors à ces Terres jufqu'au Détroit d'Anian, eft femblable à celle des Côtes du Nord-Oueft de l'Amérique, qui fe voyent fur le Plan que j'ai formé d'après les Connoiffances les plus récentes; & il réfulte de là clairement, que nos Anciens, ou les premiers Géographes Modernes ont dû être déterminés dans les Cartes qu'ils ont dreffées, par le récit de quelques Navigateurs Efpagnols ou Portugais qui ont réellement vû cette fuite de Côtes.

La plus ancienne Carte que j'aye trouvé jufqu'à préfent, qui marque cette continuation de Terres jufqu'au Détroit d'Anian, eft une Carte Italienne de l'Amérique Septentrionale faite en 1566.

Mais les Côtes du Nord-Oueft de l'Amérique y font tracées avec moins de précifion que dans la Japonnoife. Je croirois que pour celle-ci l'on a fait ufage de quelques Routiers de Navigateurs, qui commerçoient au Japon, d'autant plus que l'efpece de Prefqu'Ifle de l'Amérique voifine du Détroit y eft marquée à la latitude de 51. obfervée par les Ruffes en 1741. Car ce ne peut être par hazard que cette Carte Japonnoife s'accorde fur ce point, comme fur la longueur des Côtes depuis la Californie, avec ce que nous connoiffons d'ailleurs, & y eft fi conforme.

Tom. I. in fol. pag. 59. Au refte Kæmpfer nous parle d'une Navigation que les Japonnois firent vers l'an 1680. à l'Eft de leur Empire; & comme ce n'a pas été apparemment la feule, la partie en queftion de leur Carte a pû auffi être dreffée fur leurs propres connoiffances. »L'Empereur envoya, dit-il, une Jonque, qui partit des Côtes » Orientales du Japon. Après avoir beaucoup fouffert entre le » 40. & 50. dégré de latitude Septentrionale, on découvrit un » très-grand Continent, qu'on fuppofa être l'Amérique, où ayant » trouvé un bon Port on y paffa l'hyver & l'on revint l'année

» fuivante fans pouvoir donner la Defcription du Pays & de fes
» Habitans, fi ce n'eft qu'il s'étendoit beaucoup plus loin vers
» le Nord-Oueft. » Cette unique connoiffance rapportée alors par
les Japonnois, eft conforme à l'idée que nous avons aujourd'hui,
& à celle de nos premiers Géographes.

J'ai déjà remarqué (ci-devant p. 17.) que la prolongation de
la Californie au Nord-Oueft jufqu'au véritable Détroit d'Anian,
a été dans la fuite baiffée de 8. ou 10. dégrés, & qu'après cela
diverfes Navigations ayant fait abandonner cette prétendue pofition, l'on a perdu entierement l'idée de la Côte réelle, que les
Ruffes ont retrouvée au Nord de la *Grande Mer* vulgairement
appellée *Mer du Sud.* Je ferai voir en parlant du Iefo, que de
fçavans Géographes, pour faire la liaifon de l'Afie avec l'Amérique & concevoir comment les Hommes avoient peuplé cette
derniere Partie du Monde, ont enfuite affez légerement fuppofé
au défaut des Terres avancées de l'Amérique, qui étoient tom-
bées dans l'oubli, que les Terres Afiatiques de Iefo & de Gama
prolongées à l'excès, contribuoient à faire cette liaifon, ou au
moins le voifinage.

Je finirai ce Paragraphe par une Obfervation d'un autre genre.
On a vû ci-devant un trait de la Politique Ruffienne pour former   P. 55.
des prétentions fur les Terres du Nord-Oueft de l'Amérique :
on en trouve un autre de la Politique Angloife dans les Remarques que M. Gréen a publiées l'année derniere fur fes Cartes
Marines de l'Amérique. Il prétend qu'aucun Efpagnol n'a été au
Nord de la Côte Occidentale de la Californie avant François
Drake, qui ayant pris poffeffion au nom de la Cour d'Angleterre
du Pays où il aborda à 38 degrés de latitude & qu'il nomma
Nouvelle Albion, monta en 1578. par delà le 43. dégré ; & en
conféquence M. Gréen accufe de fauffeté, mais fans preuve, la
Relation du Voyage que Cabrillo Portugais au fervice de l'Efpagne
fit en 1542. jufqu'au 44. dégré, & dont Laet a donné l'Abregé
(Liv. VI. Ch. 19.). C'eft avec la même prévention qu'il révoque
en doute le Voyage de Fuca en 1592 & celui de l'Amiral de
Fonte *. Par rapport à ce dernier, il veut que, fi l'on fuppofe

---

* On a beaucoup difputé depuis 2. ou 3. ans fur le nom de cet Officier Efpagnol,
& quelques-uns de ceux qui ne veulent pas que fa Relation foit véritable, fe font
obftinés néantmoins à appeller *de la Fuente* & enfuite de *Fuente*, en le fuppofant
gratuitement Efpagnol de Nation. Mais ils n'auroient pas parlé fi affirmativement

qu'il y a quelque chofe de vrai dans fa Relation, l'entrée de la Riviere de *Los Reyes* foit au 53 dégré de latitude, & non au 63. Mais on me permettra de dire qu'il eft étonnant que plufieurs de ceux qui écrivent à ce fujet, ne faffent nulle attention à la route de 456. lieues Nord-Nord-Oueft depuis le Cap Blanc jufqu'à l'entrée de *Los Reyes*, dont M. De l'Ifle a fait uniquement ufage dans fon Mémoire, & fur quoi l'on peut voir mes Confidérations p. 7. & 8. Au refte les prétentions Ruffiennes & Angloifes devroient, ce me femble, réveiller les Efpagnols, & les engager à produire ce qu'ils ont de Relations concernant leurs Voyages au Nord de la Californie & jufqu'au fameux Détroit du Nord ou d'Anian, qui reprend aujourd'hui fes droits d'exiftence : cela ne manqueroit pas de jetter un plus grand jour fur la Géographie du Nord-Oueft de l'Amérique, & fur l'hiftoire des Voyages & des Découvertes.

§. II.

La Californie réduite d fes juftes bornes, peut être confidérée en même tems comme une Prefqu'Ifle & comme une Ifle.

A parler exactement la Californie ne s'étend au Nord qu'un peu au delà du 43 degré; & les Pilotes les plus entendus qui vont continuellement du Mexique aux Philippines, ou de ces Ifles au Mexique, le long de la Côte de Californie, ont trouvé qu'elle n'étoit que de 5 ou 600 lieues depuis le Cap S. Lucas jufqu'au Cap Mendocin (d'aujourd'hui.).

Laet & Dudley.

Quand on eût ainfi réduit la Californie à fes juftes bornes, & qu'on eût reconnu, furtout en 1603 (par la Navigation de Sébaftien Bifcayen & Martin d'Aguilar) que la Mer retournoit en Orient un peu au delà du 43 degré, plufieurs Efpagnols fe perfuaderent que les Eaux de la Mer du Sud communiquoient par là avec celles de la Mer-Vermeille, qui eft entre la Californie & le Nouveau Mexique : en conféquence ils firent de la Californie une Ifle.

à ce fujet s'ils euffent penfé à deux chofes. La premiere eft que fouvent les Efpagnols ont à leur fervice des Portugais, les regardant avec raifon comme d'habiles Marins. On vient de voir Cabrillo en 1542. & en 1743. le Capitaine du Galion des Philippines pris par l'Amiral Anfon, étoit encore Portugais. La feconde chofe à laquelle on auroit dû penfer, c'eft qu'au tems de l'expédition de l'Amiral de Fonte, le Portugal étoit encore uni à l'Efpagne.

Cependant il y avoit long-tems que les premiers Géographes
Modernes, d'après les Navigations de François d'Ulloa & Hernand
de Alarçon dans la Mer-Vermeille en 1539 & 1540 (rapportées
dans Herrera & Laet) repréfentoient la Californie telle que nous
la connoiffons aujourd'hui ; c'eft-à-dire, comme une Prefqu'Ifle *.
Il eft vrai que Laet obferve que dès 1539 il y avoit eû des
Efpagnols qui s'étoient imaginé que c'étoit une Ifle ; & il dit
(en 1633) avoir vû de vieilles Cartes qui la repréfentent de
cette façon, & la féparent de l'Amérique par un Détroit affez
large au Sud, mais qui s'étrécit en avançant vers le Nord.
Néanmoins il fe détermine fur l'autorité d'autres Cartes & fur
les Navigations dont je viens de parler, à la faire regarder comme
une Prefqu'Ifle baignée à l'Eft par la Mer-Vermeille ou Rouge,
» nom qui fut donné à ce Golfe à caufe de fa reffemblance avec
» la Mer qui fépare l'Arabie de l'Egypte, dit Wytfliet «. Ce dernier
Auteur ne paroît pas avoir eû le moindre doute au fujet de la
Californie, qu'il repréfente comme une Prefqu'Ifle, ainfi que nos
autres Anciens Géographes.

Les Hollandois ayant pris en 1620 fur un Vaiffeau Efpagnol
une Carte de l'Amérique où la Californie étoit figurée comme
une Ifle & la Mer-Vermeille comme un Détroit ; on fuivit cette
idée comme certaine dans les Cartes que l'on fit enfuite en
Hollande & en Angleterre. La Mappemonde de Dankerts & de
Tavernier, dédiée à Louis XIII en 1628 copia cette prétendue
Nouvelle Découverte en France. Sur la Carte de l'Amérique Septentrionale que Janffonius donna à Amfterdam dans fon Atlas en 1640. Tom. III. & V.
la Californie eft auffi repréfentée comme une Ifle, finiffant un
peu au deffus du Cap Mendocin d'aujourd'hui ; mais ce qu'il y a
de fingulier, c'eft que pour en rendre raifon, l'on y a mis une Note,
où, après être convenu que les premiers Géographes ont toujours
fait la Californie partie du Continent, on affûre avoir découvert
par la Carte Efpagnole qui étoit entre les mains des Hollandois,
que la Californie étoit une Ifle longue de 1700 lieues depuis le
Cap Saint Lucas jufqu'au Cap Mendocin, & large de 500 **. (La

---

* Ortelius, Mercator, Hondius &c. qui furent fuivis par Cluvier, Bertius, Laet,
Blaeu, &c. en un mot tous les meilleurs des premiers Géographes Modernes.

** *California à prioribus Geographis femper habita fuit quædam pars Continentis;
at captâ per Hollandos ab Hifpanis Tabulâ quádam Geographicà compertum eft Infu-
lam effe, & continere ubi latiffima eft 500 leucas : à Capite Mendocino verò ad Caput
S. Luca repertum eft, teftibus Tabulâ prædictâ & Francifco Gaule, extendi in longitu-
dinem 1700 leucarum.*

largeur de cette Ifle prétendue fe prenoit depuis le Port de Drack jufqu'au Cap Mendocin, dit la Relation Efpagnole de 1683, en citant à ce fujet les anciennes Relations, comme fur fa longueur).

Or il eft impoffible de concilier ces diftances avec la Californie que Janffonius repréfentoit en même tems comme terminée au Cap Mendocin d'aujourd'hui ; c'eft-à-dire, réduite à fes juftes bornes ; cependant c'étoit la preuve qu'on apportoit du changement, en Hollande même où étoit la Carte Efpagnole fur laquelle on appuyoit une correction fi importante. Perfonne ne fit attention à la caducité & l'inconféquence de cette preuve ; & depuis ce tems, Mrs. Sanfon pere & fils, Duval & quantité d'autres Géographes repréfenterent toujours la Californie comme une Ifle, quoique cela ne fût pas conftant parmi les Efpagnols, qui la repréfentoient diverfement, comme on l'a vû par le témoignage de Laet.

Di&. Geog. au mot *Californie.* Enfin, M. Delifle (le pere) fut affez hardi (ce font les termes de M. de la Martiniere) pour chercher la vérité étouffée fous tant de préjugés, & il ofa rappeller à l'examen les preuves que l'on avoit eû pour changer de fentiment. Par une Lettre très-curieufe (publiée dans le Journal des Sçavans de 1700, & inferée depuis dans le Tome III des Voyages au Nord) il fit l'Abrégé de ce qu'on fçait des Navigations faites le long des Côtes de la Californie, & montra que les preuves n'étoient point affez décifives pour abandonner entierement les premiers Géographes Modernes. (Que n'auroit-il pas dit, s'il eût eû devant les yeux la Note de la Carte de Janffonius?) Enfin il conclut fa Differtation en difant, qu'il ne croit devoir faire de la Californie ni une Ifle ni une partie du Continent, & qu'il demeurera dans ce fentiment jufqu'à ce qu'il voye quelque chofe de plus pofitif que ce qu'il avoit vû jufqu'alors.

Ce fentiment eft exprimé dans les premieres Cartes de Guillaume Delifle fon fils, publiées en 1700. On voit fur fon Amérique Septentrionale la Côte Orientale de la Californie interrompue au 34 degré, la Mer-Vermeille n'étant point terminée, & la Côte Occidentale eft coupée par un Golfe dont il y eft dit que le fond eft inconnu. J'ai cru devoir faire regraver ce morceau de la Californie, & je l'ai joint à deux autres, dont je parlerai dans un moment.

M. Delifle le pere difoit dans fa Lettre de 1700, que les Jéfuites qui étoient en 1690 chez les Herifes & les Pimafes, Peuples du

Nouveau Mexique entre le 24 & le 33 degré de latitude Septentrionale, avoient écrit en Europe qu'ils voyoient la Mer-Vermeille
si étroite que l'on appercevoit la Californie, & qu'ils esperoient
être bientôt en état d'apprendre ce que l'on devoit penser sur ce
Pays. Ces Peres ont tenu leur parole, & le P. Kino (qui étant de
l'Expédition de 1683, regardoit alors la Californie comme une
grande Isle *) nous a tracé en 1702 le chemin qu'il avoit tenu
pour y entrer par terre en venant du Nouveau Mexique, & il a
marqué année par année depuis 1698 jusqu'en 1701, les lieux
par où il avoit passé. Sa Carte ayant été publiée en 1705 dans
le cinquiéme Recueil des *Lettres édifiantes* **, il n'y a plus de doute
sur la Presqu'Isle de Californie, & l'on a enfin reconnu que les
premiers Géographes Modernes avoient eû raison de la représenter
comme telle.

Mais l'auroit-on pensé qu'en même tems elle pouvoit être
considerée comme une Isle, au moins en certain tems, & qu'ainsi
on n'avoit pas eû entierement tort d'en parler sur ce pied là?
Si M. Delisle le pere eût sçu ce que nous sçavons maintenant, il
auroit sans doute consideré avec plus d'attention qu'il n'a fait, le
récit d'un Pilote dont il parle, & qui avoit assuré M. Froger
(Editeur de la curieuse Relation du Voyage de M. de Genes au
Détroit de Magellan) qu'il avoit navigé autour de la Californie.

Voici un fait important à ce sujet dont M. Ellis nous a donné
la connoissance en 1748. » Un homme, dit-il, de beaucoup d'es-
» prit & très-véridique, étant arrivé il n'y a que quelques mois
» de Portugal (en Angleterre) nous a assuré, que peu de tems
» avant son départ, il y étoit abordé (en Portugal) un Voyageur
» qui en venant d'une certaine Colonie des Hollandois dans les

Voyage de la B.
d'Hudson Edit.
Franç. Tom. II,
Pag. 316 & 317.

---

* Feu Guillaume Delisle dans son *Mémoire de Détermination*, &c. (où il rend
compte du Plan Géographique de sa Mappemonde) lui attribue encore une Carte
de 1695, où la Californie étoit représentée comme une Isle, & qui fut envoyée à
l'Académie par le Duc d'Escalone. (*Mém. de l'Acad. de* 1720. p. 376.).

** Voici ce que nous apprend le Pere le Gobien dans sa Lettre Préliminaire sur la
Découverte du P. Kino. » Il passa (dit-il) le Rio-Azul, se trouva en 1700 proche
» du Colorado, & l'ayant traversé il fut bien surpris en 1701, de se voir dans la
» Californie, & d'apprendre qu'environ à 30 ou 4 lieues du lieu où il étoit alors,
» le Colorado après avoir fait une Baye d'une assez longue étendüe, alloit se jetter
» dans la Mer à la Côte Orientale de la Californie, qui ne se trouve ainsi séparée
» du Nouveau Mexique que par les eaux de ce Fleuve «. C'est tout ce que l'on
sçait de la Découverte du P. Kino; & il est étonnant que depuis 1705 on n'ait point
publié sa Relation, dont les détails ne pourroient que plaire.

» Indes Orientales, foit pour aller à la découverte ou pour faire
» la contrebande, avoit fait naufrage fur la Côte Septentrionale
» de la Californie, où il avoit eû occafion d'obferver que ce Pays
» étoit en même tems une Ifle & une Prefqu'Ifle, le petit Ifthme
» qui la joint au Continent, étant toujours fubmergé du tems des
» hautes Marées «.

Mais à quel endroit de la Califomic placer ce *petit Ifthme*?
Une grande & magnifique Carte Efpagnole manufcrite de toute
l'Amérique qui a été faite en 1604, & qui eft à la Bibliothéque
du Roi (où l'on croit qu'elle a été tranfporté du Château de
Fontainebleau *) nous repréfente la Californie avec un petit
Ifthme au 30 degré de Latitude, & précifément à ce Golfe (voifin
du Cap d'Enganno) dont Guillaume Delifle difoit fur fa Carte
de 1700, qu'il n'avoit *pas encore été bien découvert*, & que *les
Modernes le croyoient très-profond*. C'eft donc en cet endroit que la
partie méridionale de la Californie eft une Ifle dans le tems des
hautes Marées, & tient au Continent en tout autre tems, comme
il en eft du Mont S. Michel de Normandie dont les hautes Marées
font une Ifle.

Pour rendre tout ceci plus fenfible, je donne fur une même
feuille la réduction d'une partie de la Carte de l'Amérique Efpagnole de 1604, où l'on voit le petit Ifthme dont il eft queftion,
avec la premiére idée de Guillaume Delifle, & la Carte de 1702
du P. Kino, où fe trouvent auffi les Miffions que les Jéfuites ve-
noient de former d'un autre côte dans la Californie, vers le 26
degré de latitude & d'une Mer à l'autre.

Mais je crois devoir obferver, que depuis cette Carte du P.
Kino, on a eû de nouvelles connoiffances du fond de la Mer-Vermeille, qui en étendent la latitude plus qu'il n'avoit marqué, &
d'une maniere plus reffemblante aux Cartes des premiers Géographes Modernes. C'eft pour cela que feu M. Delifle dans fes dernieres Cartes, auffi bien que M. d'Anville, n'ont pas fuivi la latitude fuppofée par le P. Kino, & ont mis à l'embouchure du Co-

---

* Elle a 7 pieds 10 pouces environ de hauteur, & autant de largeur. Elle a été
faite avec tout le foin poffible, & la couleur d'Or bruni, ainfi que l'Or verd pour
les Montagnes n'y font pas épargnés. Il y eft marqué qu'elle a été dreffée à Florence
en 1604 *per Matheum Neronium Pecciolen Comograph.* qui à en juger par les Echelles
des degrés & fon travail, devoit être un habile Mathématicien. Je ferois porté à
croire que cette Carte a été envoyée au Roi Henri IV par la Cour de Tofcane.

lorado, l'Isle de l'Ascension, qui est indiquée dans la Carte Espagnole de 1604. Je dois encore observer, que cette derniere
Carte a trop étendu la Côte Occidentale de la Californie, entre
le Cap Mendocin & le Cap Blanc. Le premier est au 41. degré
30. minutes de latitude, & le second au 43. ce qui a été corrigé
par la Navigation de Sebastien Biscayen & de Martin d'Aguilar,
dont Torquemada nous a donné le détail, comme l'a observé feu
Guillaume Delisle (*Mém. de l'Académie de* 1720. p. 376.)

Je finirai cet Article par une Observation sur les fortes Marées
& les violens Courans que l'on éprouve entre la Pointe de la Californie & le Mexique, comme venant de la Mer-Vermeille. La
remarque que l'on en avoit faite, donna lieu sans doute de penser
autrefois que la Californie étoit une Isle, & que les Eaux de la
Mer du Sud communiquoient à la Mer-Vermeille par les environs
du Cap Mendocin. L'Observation donnée par M. Ellis avec le
petit Isthme marqué dans la Carte Espagnole, rend maintenant
raison de ces Marées, que l'on ne peut absolument faire venir du
Nord de la Mer-Vermeille ni du Cap Mendocin, depuis la decou-
verte du P. Kino.

Cela peut servir aussi à entendre ce qui est dans la Relation de
l'Amiral de Fonte, sçavoir » qu'un Maître de Navire qu'il enga-
» gea à Salagua (Port du Mexique près Compostella) l'informa
» qu'à 200 lieues au Nord du Cap S. Luc, un flux venant du Nord
» rencontroit le flux venant du Sud, & qu'il étoit sûr que la Ca-
» lifornie étoit une Isle : que sur cela l'Amiral de Fonte consentit
» à ce que D. Diego Penelossa, fils de la sœur de D. Haro Pre-
» mier Ministre d'Espagne, & qui étoit un jeune Seigneur qui avoit
» beaucoup de connoissances & d'adresse en fait de Cosmogra-
» phie & de Navigation, se détachât de son Escadre (au mois de
» Mai 1640.) avec un Vaisseau & quatre Chaloupes, pour décou-
» vrir si la Californie étoit une Isle ou non. » Voilà au reste un fait
remarquable concernant une personne qui doit être connue en
Espagne *, fait dont il est bien difficile d'ailleurs qu'on ne trouve

Rout. de Linschot
Cap. 54. & Rel. de
1683. Tom. III.
des Voyages au N.
Pag. 459 & 460.

---

* Je ne sçai si ce *jeune Seigneur* qu'on nomme ici de *Penelossa*, ne seroit pas
le même que celui qui fut ensuite Viceroy du Mexique, & que Guillaume Delisle
appelle le Comte de Pignalosse (*Mém. sur la Mer de l'Ouest*, ci-devant pag. 27.)
C'est le même nom en Espagnol, écrit diversement. J'ai lû dans quelques Extraits
de M. Delisle le pere, que ce Viceroy ayant eû quelques démelés avec l'Arche-
vêque du Mexique (vers l'an 1630.) se retira en France, & y présenta au Roy

pas quelques veſtiges dans les Archives du Mexique, où il n'eſt point arrivé l'accident qui a fait périr celles du Callao au Perou, & qui empêche qu'on n'y trouve des preuves de la réalité du Voyage de l'Amiral de Fonte.

---

un Mémoire par lequel il ſe faiſoit fort, moyennant certaines conditions, de le rendre maître du Royaume de Teguaio & de la Grande Quivira, qu'il diſoit avoir mille lieues d'étendue (dans l'opinion qu'elle alloit juſqu'au véritable Détroit d'Anian du côté de l'Oueſt) & qu'il prétendoit n'être pas éloignée de la Nouvelle France du côté de l'Eſt.

EXTRAIT DES REGISTRES

de l'Académie Royale des Sciences.

Du 24 Juillet 1754.

MESSIEURS Bouguer & le Monnier, ayant lû par ordre de l'Académie, un Ecrit de M. Buache, intitulé : *Troiſiéme Partie des Conſidérations Géographiques & Phyques ſur les Nouvelles Découvertes au Nord de la Grande Mer, &c. Article I.* qui traite *de la Californie* ; & en ayant fait leur Rapport, l'Académie a jugé cet Ouvrage très-digne de l'Impreſſion.

En foi de quoi, & faiſant pour M. de Fouchy abſent, j'ai délivré le préſent Certificat. A Paris ce 25 Juillet 1754.

Dortous de Mairan.